L'ART CINÉMATOGRAPHIQUE

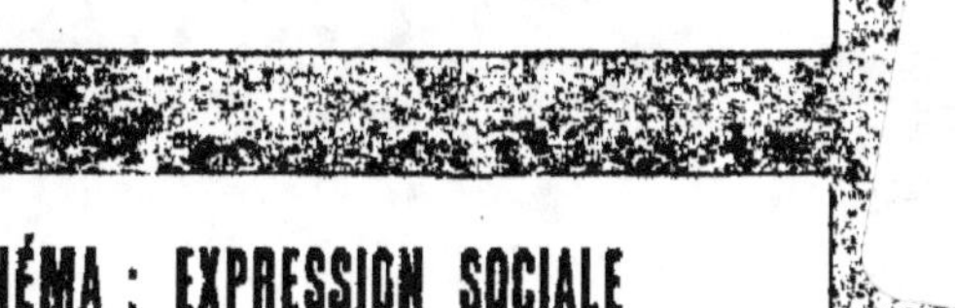

LE CINÉMATOGRAPHE ET L'ESPACE
PAR
Marcel L'HERBIER

CINÉMA : EXPRESSION SOCIALE
PAR
Léon MOUSSINAC

POUR UNE POÉTIQUE DU FILM
PAR
André LEVINSON

INTRODUCTION A LA MAGIE BLANCHE ET NOIRE
PAR
Albert VALENTIN

LIBRAIRIE FÉLIX ALCAN

L'ART CINÉMATOGRAPHIQUE

Marcel L'HERBIER, Léon MOUSSINAC
André LEVINSON, Albert VALENTIN

L'ART CINÉMATOGRAPHIQUE

IV

LIBRAIRIE FÉLIX ALCAN
108, Boulevard Saint-Germain, 108

1927

LE CINÉMATOGRAPHE ET L'ESPACE

CHRONIQUE FINANCIÈRE (1)
par Marcel L'Herbier

Le cinématographe est, généralement, regardé comme une activité temporelle, nourricière et quelque peu déshonorante, une activité purement financière.

Quatre-vingt-dix pour cent de ses pratiquants ne voient dans l'écran qu'une blanche prairie où paître et engraisser l'argent qu'ils ont dans leur poche, et, le plus souvent, dans la poche des autres.

On peut être néanmoins surpris que ce soit de moi, dont les forces cinématographiques de l'argent ont fait longtemps leur pire ennemi, que vienne une contribution

---

(1) Allocution prononcée par Marcel L'Herbier au Vieux Colombier dans la série des conférences organisées par le « Ciné Club de France » et « Les Cahiers du Mois ».

à la publicité de ce point de vue déjà trop général ; et que j'aborde, de front, après le Dr Markus et Henry Roussell, éminents cinéastes, la délicate apologie du primat de la finance sur le cinématographe.

Cette surprise, si flatteuse pour mes opinions, mérite au premier chef d'être dissipée par un éclaircissement !

Laissez-moi donc vous expliquer pourquoi j'ai remplacé la chronique cinématographique que vous pouviez attendre de moi par une chronique « financière ».

En réalité, c'est pour une raison simple : remplir vis-à-vis de vous, aussi scrupuleusement que possible, le devoir le plus élémentaire du conférencier, ce devoir qui consiste à présenter le sujet de la conférence sous un angle tel que chaque auditeur, et, plus tard, chaque lecteur, puisse s'y regarder, s'y voir.

Stendhal déclare : Un roman, c'est un miroir qui se promène sur une route.

Dans le même sens on peut dire : Un conférencier c'est un miroir assis à une table.

J'entends qu'un conférencier doit avant tout s'efforcer de *refléter* les préoccupations primordiales des personnes de bonne volonté qui l'entendent, et n'en pas rester obstinément séparé, comme cela se voit trop souvent, par la frontière infranchissable d'un peu d'eau... dans le fossé d'une carafe...

Or, il est indubitable que vos préoccupations primordiales ne sont pas de cinématographe pur, ni même d'art ou d'intellection purs.

A chacun à part soi et à tous ensemble ici et ailleurs, notre époque impose, hélas ! l'obligation de donner le pas, dans la gamme de ce qui nous occupe, aux questions matérielles sur les questions spirituelles.

Tout le monde, par contrainte supérieure, se trouve plus occupé de questions d'Argent que de questions d'Art tout court.

Et l'immense majorité de l'univers suit moins assidûment les cours d'esthétique que les cours de la Bourse.

C'est en raison de cette préoccupation financière si inéluctable et si générale que j'ai pris mon sujet par le biais matériel.

Il ne vous faut pas croire, néanmoins, que ma chronique risque de répéter en rien celles que l'on doit aux importants confrères que j'ai nommés.

La finance dont je m'occupe, par rapport au Cinématographe, n'est pas une finance ordinaire. Elle ne correspond pas aux disponibilités d'un commanditaire. Elle est d'essence tout à fait spéciale. Les « valeurs » de sa cote ne sont ni minières, ni métallurgiques, ni de transport.

Elles sont plus aériennes. J'ose les nommer métaphysiques.

Pour parler net, je souhaite que nous jetions ensemble un coup d'œil sur les rapports du cinématographe avec ces deux « valeurs » abstraites et qui dominent de haut toute l'activité humaine, l'intellectuelle comme l'autre : « Le Temps » et « L'Espace ».

La minute présente s'y prête plus qu'aucune : La hausse continue et stupéfiante de ces valeurs surréelles les met en effet, pour ainsi dire, au sommet de la cote idéale où s'alignent les autres actions et obligations du capital humain ; et la répercussion particulière de cette hausse sur le titre « cinématographe » justifie précisément notre dessein.

*
* *

A vrai dire vous deviez déjà connaître, du moins officieusement, cette augmentation du « Temps » et cette augmentation de

« L'Espace » ; mais aujourd'hui cette hausse est officiellement confirmée par tous les marchés. Elle sévit au parquet, en coulisse, sur le comptant et aussi, naturellement, sur... le terme.

Elle est universelle, désordonnée, tragique.

Elle s'attaque à tous les individus.

En restreignant la possibilité qu'ils avaient naguère de s'acheter du Temps, elle menace de restreindre, voire d'anéantir presque tous les grands phénomènes de la vie — y compris· ceux de la reproduction de l'espèce dont l'ensemble nécessite une si grande dépense de la trop précieuse valeur. (D'où l'abaissement de la natalité.)

Et en les empêchant de se munir à volonté d'Espace, elle menace d'arrêter le grand courant des échanges humains et par-dessus tout la circulation essentielle d'homme à homme des œuvres de l'esprit. (D'où le confinement des Œuvres-Maîtresses.)

Il est donc opportun d'analyser les causes de cette hausse désastreuse et d'abord celles de l'ascension, de l'envolée de la valeur « Temps ».

Mais que représente cette « valeur » ?

Le Temps, si nous nous comprenons bien,

est en dernière analyse cette sorte de devise abstraite, cette monnaie de nuage qu'on ne peut compter en espèces sonnantes, ni vérifier au trébuchet mais qui, pourtant, donne à elle seule accession et subsistance dans le cercle enchanté de tout le labeur humain.

Et certes une valeur d'usage si général, symbole de l'Argent et qu'on a pu mettre en équation avec lui (*time is money*) n'a pas manqué d'être depuis toujours recherchée et, par suite, de voir ses cours en constante avance.

Mais c'est depuis un demi-siècle que les premiers phénomènes de cette hausse, dont la phase aiguë est d'hier, ont tendu la courbe de la cote du Temps dans une position voisine de celle de la Royal Dutch ou du Canal de Suez.

Et par suite c'est depuis un demi-siècle que les ressources du spéculateur (j'entends ses capacités *spéculatives*) n'ayant pas augmenté dans la même proportion, l'on en a été réduit, comme vous vous le rappelez, à envisager tous les moyens propres à économiser le Temps — ce Temps devenu trop cher — c'est-à-dire tous les moyens propres à empêcher la Vie de tomber en faillite.

C'est ainsi que d'années en années, poussé par la tension continuelle du cours de cette valeur, l'on dut se résoudre à inventer d'abord le chemin de fer, puis l'électricité, puis l'automobile... et puis le lift, le blount, le stylographe, enfin, en dernière extrémité, l'avion le cubisme, le faivite... et la poésie surréaliste !

Ici je dois m'arrêter un instant, car si tout le monde admet que la machine à écrire ou le téléphone résultent indiscutablement de la nécessité moderne d'économiser du Temps, il y a quelques personnes qui doutent, par contre, que l'œuvre d'art soit devenue ce qu'elle est par suite de la même obligation d'économie métaphysique.

Pour convaincre ces personnes qui doutent que l'évolution de l'Art moderne soit commandée par la raréfaction de la devise Temps, un seul exemple pourrait suffire.

Prenons-le dans l'architecture. Et, pour grossir cet exemple, comparons la Tour du tourisme de Mallet-Stevens, avec la Tour Saint-Jacques !

Oui, comparons cette Tour du tourisme, telle que vous l'avez admirée à l'Exposition des Arts décoratifs, cette tour lisse, nue, jaillie d'un seul jet en longues surfaces planes sans aucun de ces motifs sculptés, de ces stucs, de ces ornementations qui, dans le monument classique, sont comme des coffres-forts où des liasses de « Temps » dorment sans produire d'intérêts ; comparons-la avec cette tour Saint-Jacques, magnifique morceau de bravoure, et dont il est clair que l'architecte eut le moyen de jongler avec un énorme capital de Temps, capital qu'il ensevelit, improductif, dans de précieuses fioritures surajoutées à la masse.

Comparons ces deux symboles de deux rites constructifs contraires, et concluons que si l'esprit architectural actuel en est venu à la tour qui se construit en *un mois* au lieu d'en rester à celle qui se construit en *un siècle* ; c'est qu'il se sentait, le pauvre, pour cela et pour tout le reste, à court... de Temps !

Ce qui est vrai pour l'Architecture est vrai pour tous les Arts, y compris la Poésie qui les résume. Que sa forme actuelle soit commandée par la cherté du Temps, c'est un lieu commun pour l'esprit le moins subtil dès qu'il s'est pris d'y réfléchir.

S'imagine-t-on facilement un Paul Valéry

se prodiguant à composer aujourd'hui les 10.000 vers de l'Énéide, ou même la Henriade, ou même la Franciade.

Suppose-t-on un Jean Cocteau jetant aux quatre vents de l'avenir les mêmes millions de Temps qu'un Byron ou un Lamartine gaspillèrent en se jouànt.

Il n'y peut songer. Ni ses confrères.

Ils doivent se confiner, se comprimer en poèmes rapides, haletants, économiques !

Disons-le : Pour agir autrement, ces poètes ne possèdent plus — spéculateurs amoindris — un assez gros portefeuille temporel !

Et seul, peut-être, exception confirmative de la règle, l'un d'eux, Marcel Proust, milliardaire anachronique échappé du Grand Siècle, peut encore s'amuser à perdre du Temps, cette monnaie de diamant, du côté de chez quelqu'un...

Mais poète ou artiste, tous donéravant ont à subir ces lois frappantes qui marquent l'Art moderne ; lois en lesquelles se résume un principe essentiel : l'*Economie du Temps* (1).

____

(1) De ce principe foncier d'économie découle, en effet, toute l'*économie* de l'art actuel :

Brièveté des poèmes, restrictions des volumes, réduction de la durée d'audition et de vision de l'œuvre d'Art, d'où ces typographes composant avec diverses grandeurs de

Enfin qu'il soit poète, artiste, ou vous ou moi ou n'importe qui, c'est un fait que l'Homme-d'Aujourd'hui voit son activité étranglée par le cours prodigieux de cette valeur.

Et l'on peut prévoir que d'ici peu les par-

caractères et visant à ce que le lecteur saisisse d'un coup la diverse importance des mots de la page (non pas qu'il la saisisse, mais qu'il soit saisi par elle. Déplacement du potentiel émotionnel du sujet à l'objet, de l'être au fait : pragmatisme).

Transcription immédiate, instantanée, de *tout* ce qui vient à l'esprit de l'artiste, sans qu'il perde une minute à *choisir* entre tous les matériaux qui se proposent — (le poème dans un chapeau » — surréalisme).

Peinture, écriture, orchestration pêle-mêle des rêves, des cris, des **bruits** de la rue, des phrases pleurées, chantées, des balbutiements, des injonctions et des idées générales.

Groupement dans un seul mot de toute une phrase, dans un seul accord de toute une harmonie, dans une seule couleur de toutes les nuances.

Suppression de toutes fioritures, trop longues désormais à broder sur le canevas des Muses (dans le désert de l'âme moderne : « L'autruche ne transforme plus en plumes toutes les distances qu'elle avale »).

Suppression, enfin, dans la musique, le meuble, l'architecture, ou le poème de ces transitions, de ces politesses qui, dans l'œuvre classique (ce camaïeu), y étaient partout ménagées et si galamment que par elles on se sentait porté d'une idée à l'autre, d'un thème à l'autre, comme en carrosse ou en chaise.

Désormais, mots, teintes, sons, idées, rythmes ne vivent plus que non reliés (irréligion). — Libres, autonomes, anarchiques, ils communiquent de loin dans l'œuvre, sans se déranger d'eux-mêmes, soit en criant fort (discordances, tons heurtés) ou par fils électriques subtilement entremêlés que l'artiste, ce central téléphoniste, branche au hasard de son magnétisme intérieur.

ticuliers seront mis un à un dans l'impossibilité de se défendre autrement qu'en commun, et dans un « communisme » de plus en
plus étroit, contre ce terrible coup de
Bourse de la Providence !

* * *

En parallèle à la hausse du « Temps » il
faut noter la montée encore plus brutale
de la valeur « Espace ».

Cette ascension quasi verticale dont on
ne saurait trouver d'équivalent même dans
la hausse de la livre ou du dollar, présente
des conséquences extrêmement menaçantes.

En fait, la montée des cours de l'Espace
n'est pas récente.

On dit que les terrains ne cessent d'augmenter depuis Philippe-Auguste.

Mais ce n'est là qu'une forme accidentelle
de la hausse de l'Espace — car l'Espace
dont nous parlons ici n'est que le symbole de
l'espace matériel.

En réalité cette hausse de la valeur
« Espace » est aiguë depuis 50 ans.

C'est à elle que tient d'une manière générale le gratte-ciel, le métropolitain, le com-

primé d'aspirine, le Larousse de poche, la pièce de plus en plus petite dans laquelle l'artisan des villes est confiné mais *surtout* le cercle de plus en plus étroit dans lequel l'artiste moderne a des chances dorénavant d'être entendu.

Cette dernière conséquence qui risque aussi de surprendre un peu est la plus ruineuse. Dès que l'on réfléchit, elle s'impose :

C'est en effet parce que l'artiste a de moins en moins le moyen d'acheter de grandes zones d'un espace de plus en plus cher que le rayon d'influence des œuvres d'*Art-pur*, et pour trancher le mot, *Leur Public*, est devenu depuis 50 ans de plus en plus restreint. On prétend que Henri Poincaré ne pouvait être entendu, dans certaines de ses déductions que de deux ou trois savants à travers le monde. Mallarmé, toute proportion réservée ne l'est guère davantage. Guillaume Apollinaire, dans l'ignorance générale, rejoint son aïeul Sidoine. C'est qu'eux tous ont pêché par pauvreté d'Espace.

Et de même on a vu beaucoup d'œuvres modernes, d'ailleurs remarquables, ne pouvoir acquérir par manque de moyens de leur créateur, la petite superficie de terrain spirituel qui leur eût permis de se répandre vers d'autres esprits, de ne pas rester perdues pour l'humanité — incomprises de tous, figées et pour ainsi dire adhérentes à l'âme de leur auteur (1).

Sans que j'en dise davantage, la hausse de l'Espace apparaît en relation directe avec celle du Temps et plus lourde encore de conséquences.

Elle résume l'autre et la contient, mais leurs effets conjoints, additionnés, sont terrifiants. Ils peuvent atteindre au caractère

(1) De ce double renchérissement du temps et de l'espace entraînant comme un rétrécissement de la production artistique, Tolstoï a donné, sans le vouloir, une représentation curieuse.

Il imagine que depuis 500 ans le fond artistique de l'humanité est semblable à une masse conique dressée sur sa base vers l'avenir.

Autour de cette masse s'enroulent, au cours des années, l es œuvres d'Art, celles du plus grand diamètre à la base du cône. Et ce sont les œuvres classiques. Elles possèdent à profusion du Temps, et de l'Espace qui, pour elles, est fonction du Temps. Ainsi elles s'assurent l'immortalité. Celles produites par la suite s'enroulent au-dessus d'elles et l'une au-dessus de l'autre en allant vers la pointe du cône, et chaque œuvre perd sur la précédente un peu de diamètre, de surface.

Les plus resserrées, les plus hermétiques, celles réalisées de nos jours sont aussi les plus démunies de ces valeurs d'abstraction. Elles ceinturent, avec le diamètre infime de leur influence, presque l'extrême pointe du cône.

Celles de demain ne sont plus qu'un point perché sur un point, suspendues sur le néant, dans un équilibre de vertige, pauvresses à la merci de la moindre oscillation de la Providence, du moindre souffle de l'Éternité.

mortel d'une sorte d'étouffement de la création, d'une sorte d'urémie mentale. Ce n'est
pas trop dire qu'ils appellent d'urgence un
remède.

Sur ce point et par ce biais le Cinématographe, panacée inespérée, entre en relation
étroite avec la tension du Temps et de
l'Espace, et, du même coup, dans notre
sujet.

*
* *

Que fait l'artisan, le patron de petite
exploitation, l'ouvrier indépendant, lorsque
la hausse continue des monnaies d'abstraction dont tout vit et leur raréfaction consé-
cutive l'obligent à abdiquer une liberté devenue ruineuse ? Il rallie la grande organisation commerciale ou industrielle qui garde
contre cet affolement de la Bourse d'au delà
une importante masse de manœuvre terrestre. Il s'y enrôle comme son serviteur ; il
travaillera sous son égide, et, pour ainsi dire,
en communauté.

Que fait l'artiste, peintre, architecte, sculpteur, quand, dans la même conjoncture,
il se retrouve au petit matin de notre époque,

tel un héros de Murger, les poches vides de Temps et d'Espace, c'est-à-dire son génie inventif jugulé par l'obligation de produire dans le plus court délai des œuvres auxquelles il ne pourra payer qu'un infime rayon d'action spatiale.

Que fait cet artiste ? Il se reproche d'être resté isolé dans son invention profonde et indépendant dans l'exercice de son talent ; et soudain il trouve, dans la détresse aiguë de son esprit, un raisonnement, le seul, qui prenne pour lui le sens du signe vers Damas :

Aliéner cet isolement monarchique auquel il serait mortel de s'obstiner ; mettre dorénavant en commun l'essence même de son talent (Ainsi peintre, architecte, sculpteur, rentre dans le grand ensemble « Décoratif ») ; et mettre également en commun l'exercice de ce talent.

Car si la cachexie mortelle de l'esprit créateur résulte de la cherté des aliments métaphysiques, sa survivance ne peut se déduire que d'une alliance qu'il ferait avec une force matérielle, une force industrielle capable de lui payer en suffisance ces aliments supraterrestres : Le Temps qu'il faut pour produire l'œuvre durable qui, en retour, vainque le Temps et l'Espace qu'il faut à l'œuvre pour vivre en se répandant.

Et sous le coup de cette double loi forgée par sa raison, l'artiste alors se réfugie vers un collectivisme à forme industrielle.

Pareil au mystique qui ruiné d'amour par le siècle court s'enfermer dans l'essaim de la communauté religieuse, l'artiste, ruiné de valeurs surréelles, s'enferme dans l'ordre industriel. Il devient « Artiste décorateur », et désormais il se survit à lui-même sous ce signe communiste de l'Art (1).

Mais devant cette hausse bouleversante des titres les plus essentiels du capital humain, qu'ont fait d'autres artistes, les poètes, les romanciers, les littérateurs ou les dramaturges, et quelques-uns de leurs pairs, tous acculés à la même faillite de leur avoir métaphysique ?

Ils ont, avec obstination, cherché tous les recours contre une telle décadence. Et d'instinct ils sont allés vers une solution paral-

_____

(1) Le mystique entrant au cloître fait des vœux. L'artiste doit aussi sceller cette union nouvelle. Il signe le contrat officiel du mariage de l'Art avec l'Industrie moderne, une fête suit cette cérémonie ; grand bal d'attraction visuelle : et c'est à Paris, en 1925, l'Exposition des Arts décoratifs et Industries qui s'y rattachent.

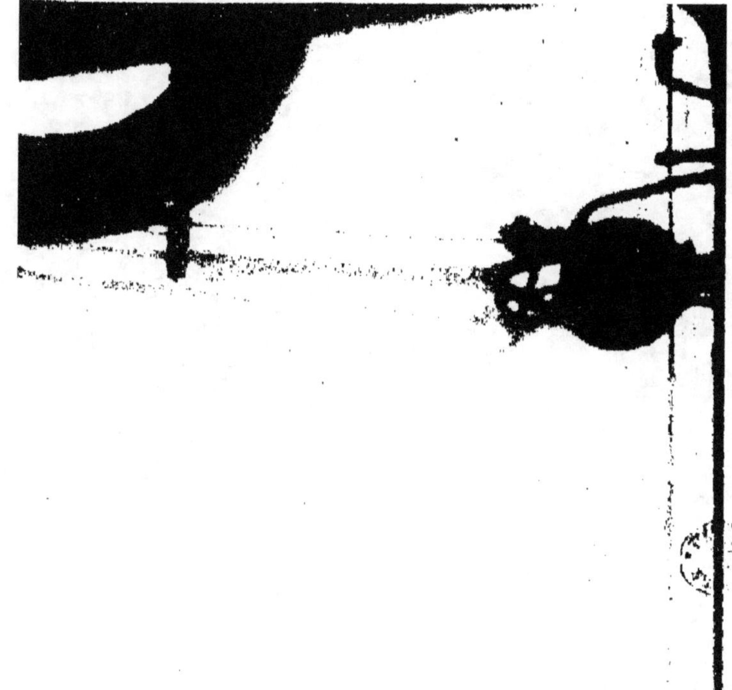

Une image de «...TOUR AU LARGE»
de Jean Grémillon

lèle à celle qui sauvait leurs frères en Arts plastiques. Mais à la poésie l'industrie est plus rebelle encore qu'à la plastique. Les unions partielles qu'elle tenta, à peine scellées, se sont disjointes. La course à la vie spirituelle reprit, âpre, desséchant le souffle, l'inspiration du poète. Soudain, une lueur de salut vers quoi tous courent : une activité neuve naît, révolutionnant le monde, nouvelle forme industrielle d'Art, nouvel Ordre d'essence communiste, — nouvelle congrégation, riche à milliards des fameux biens métaphysiques :

LE CINÉMATOGRAPHE

C'est ainsi que dès 1918, vers le titre cinématographe débutant en bourse des valeurs idéales et à peine admis à la cote officielle, se tournent ces spéculateurs des catégories particulièrement éprouvées, ces artistes réduits à merci par la Providence et pour qui la poésie n'était plus qu' « une attitude pour mourir ».

Ils cherchent, dans le Cinématographe, une réserve de forces surréelles et ils la trouvent.

Sous l'écran des images animées comme sous une large tente dressée en pleine tornade de l'évolution humaine, ils savent pouvoir disposer d'un trésor abondant, immense encaisse d'au-delà qui, pour l'avenir, cautionnera la circulation de leurs rêves, cette monnaie fiduciaire de l'esprit.

* *
*

Une autre masse de spéculateurs s'est abattue pendant ces derniers cinq ans sur le Cinématographe :

Sont-ils poussés par une force révolutionnaire, la crainte de l'avenir ou simplement excédés du présent ? De toutes façons Mages en prescience d'un nouveau Dieu : la Vie, d'une nouvelle éloquence : le Silence.

Cette masse était composée d'artistes parfois, mais aussi de scientifiques, d'industriels, de sportifs, bref, de tous les esprits que, dans notre vie actuelle, la pratique d'Arts, vieux comme le monde, déçoit.

Et ils allaient vers cette forme neuve de l'activité artistique, sans doute antinomique à l'ancienne, mais jeune et faite à l'image de leur foi en une humanité renouvelée : — Le Cinématographe (1).

Ils délaissent l'Art, « cet élan vers l'immobile » que corrode, que délabre peu à peu leur goût de perpétuel mouvement.

Ils délaissent l'œuvre, corps moral, l'œuvre d'Art qui est au même titre que le corps « de la volonté objectivée ». Cinquante ans de subjectivisme ont pour eux tué l'œuvre.

Ils dépouillent ce goût divin d'immortalité à travers lequel s'exerce l'Art qui vise à la thésaurisation de la plus grande quantité de la devise « Temps ».

Ils sourient désormais (*en hommes*) de savoir « L'immortalité morte ».

Et ils vont, avec ferveur, vers le Cinématographe, poème de « l'Instant », dont la richesse première est la valeur Espace ; le Cinématographe, véhicule éphémère de l'émotion humaine, de l'œuvre artistique (car la pellicule sensible se désagrège et meurt en quelques décades) vers le Cinématographe renégat de « l'immortalité-temps » et pour qui, inverseur d'axiome, « l'espace c'est de l'argent ».

(1) Consulter sur cette question notre article « Esprit du Cinématographe » paru aux *Cahiers du mois*, nº 16, 1925.

Vous voyez que c'est un parti important qui a rallié, en France et partout, ces années dernières, l'activité cinématographique. Il y a apporté un esprit d'art neuf, des ambitions inouïes, une foi sevrée de l'hypnose du passé.

Et désormais, comme cela se vit dans l'Exposition des Arts décoratifs où le pavillon des grands industriels abritait une marchandise d'Art — l'Ecran, dans le monde entier, abrite derrière son étamine d'illusion la passion commune des constructeurs d'un rêve nouveau.

*
* *

C'est à la suite de tous ces transports, de toutes ces transactions spirituels que le titre cinématographe n'a pas cessé d'augmenter de valeur.

Et c'est cette valeur même, c'est-à-dire l'estime internationale où on le tient désormais, qui motive cette petite étude que je m'excuse d'avoir faite si longue.

Beaucoup de gens s'installaient naguère dans la salle obscure avec le sentiment qu'ils se compromettaient, qu'il s'encanaillaient. Le film restait pour eux la distraction de plain-pied et peu coûteuse qu'on va s'offrir, au plus proche cinéma, les soirs où l'on a donné congé à son chauffeur et où il vous déplaît de s'habiller !

Mais ces gens devront désormais abandonner cette opinion simpliste, désuète, hors cours.

Le Cinématographe a cessé d'être cette lanterne magique que mènent les singes de la ménagerie humaine.

Aujourd'hui jouet grandiose, demain outil formidable aux mains des démocraties futures ce sont désormais des mains soucieuses d'Art qui spéculent sur cette valeur industrielle. Maîtresse absolue de l'Espace et maîtresse relative du Temps, en fonction de l'Espace, elle est par suite devenue le point de mire, voire de mirage, des joueurs les plus séduisants de la Bourse idéale.

Non seulement ceux dont la carrière se trouvait ailleurs entravée par l'insuffisance de richesses métaphysiques mais encore ceux, d'esprit plus moderne, qui accordent à la valeur Espace le primat sur la valeur Temps.

Tâchez à reconnaître ce doigté d'artiste courant dorénavant sur le clavier des images animées.

Et réjouissez-vous de trouver leur présence même dans un lieu aussi décrié qu'une salle cinématographique.

Il vaut mieux les voir là, qu'exposés à errer, faméliques, dans les chemins de plus en plus étroits de l'Art ce vieillard contemporain de l'humanité et mendiant, aux carrefours de l'avenir, de menues pièces des monnaies d'au-delà.

CINÉMA : EXPRESSION SOCIALE

par Léon Moussinac

On a pu partir à la recherche des lois en vertu desquelles le cinéma pouvait s'exprimer ; on a pu s'essayer à découvrir les rapports du cinéma avec l'esthétique ancienne, présente et future.

Septième ou non, synthèse ou non, art ou non, le cinéma est. Et il est prophétiquement parce qu'il annonce quelque chose : Pierre Scize dit : « Un nouvel âge de l'humanité. » A-t-il prévu toutes les conséquences de cette juste affirmation ? Marcel l'Herbier précise un détail considérable : « Jusqu'à présent jouet, demain outil formidable aux mains des démocraties prochaines, le cinématographe a le devoir de se connaître soi-même, en fonction de l'avenir, désinfecté de ce qui fut... La cavalière Elsa veut ouvrir le ventre de la France, isoler les organes, les examiner, puis les replacer soigneusement dans ce ventre, mais « pas dans le même ordre... » le vingtième siècle subit, chaque jour, le bistouri d'une invisible cavalière ; disons que l'art était résultante de l'ordre ancien et de son organisme — voulez-vous que le cinématographe soit en fonction du nouveau ? »

Saluons au passage les arts statiques qui, peu à peu, s'essoufflent et s'effondreront de ne pouvoir rappeler en nous une émotion en rapport avec le pathétique de l'heure présente. Ainsi la sélection s'opère et le médiocre, le passable, l'assez bien, le bien nous sont insupportables : où le dynamisme d'une œuvre d'art ne participe point au dynamisme de notre vie, nous n'acceptons que le plus que parfait : le chef-d'œuvre. Nous n'avons plus de temps à perdre.

Si Marcel l'Herbier a dressé le cinématographe contre les arts statiques, nous sommes quelques-uns à avoir essayé de dire, d'autre part, les raisons de notre certitude. Non par besoin d'aventure : l'aventure aujourd'hui se brise aux horaires des compagnies aériennes et aux itinéraires des agences Cook quand ce ne sont pas ceux des missions Citroën qui traversent l'Afrique sur des routes à caniveaux et des ponts soigneusement entretenus jusqu'au cœur de l'Oubangui. Nous avons essayé d'expliquer le cinématographe par besoin de logique et parce que nous n'avons plus le droit de ne pas savoir où nous allons. Les caniveaux sont défoncés et les ponts sautés pas plus loin qu'Asnières. Personne n'a encore examiné le problème sous son véritable aspect. C'est le côté redoutable de l'ascension, l'à-pic dangereux, lequel, si on l'aborde, par préférence aux voies sages et jusqu'alors longues de sécurité, risque fort de ne recueillir que l'ironie sinon la pitié de la foule spectatrice. Je ne redoute point, pour ma part, de tels dangers. Et c'est pourquoi je répète que les conclusions de ce voyage méthodique, préparé soigneusement et minutieusement ordonné, ne sont pas pour rassurer les timorés ou les timides, car elles bousculent quelque peu les préjugés et les convictions assises, et beaucoup l'ordre établi. On demande des volontaires.

*
* *

Rappelons d'abord quelques évidences touchant les caractères particuliers de l'époque présente, évidences si souvent exprimées déjà.

L'homme a créé la machine à son image pour captiver des forces qui, autrement, lui eussent échappé.

Rapidité et complexité sont les caractères de la vie moderne. Il nous faut créer des instruments qui prolongent nos sens, nos facultés de comprendre et de sentir, qui nous rendent maîtres enfin de l'Espace et du Temps dont les valeurs ont singulièrement varié depuis un siècle. Il nous faut l'accéléré pour prévoir, le ralenti pour comprendre. Nous ne pouvons rien contre cela. Autant essayer de nier la vie. Mais si nous ne pouvons rien *contre*, nous pouvons tout *pour*.

Poursuivons notre logique. Puisque nos sociétés sont coordonnées et hiérarchisées tout comme notre univers, puisque l'autorité s'y répartit du haut en bas en se précisant et en se restreignant tout comme, dans l'échelle des familles, des genres et des espèces, l'extension décroît au profit de la compréhension, il y a donc, entre la morphologie de notre univers et celles de nos sociétés — ou inversement — une conformité puissante qui nous éclaire sur la déchéance du droit divin, des religions et de bien d'autres choses qui — après avoir puissamment aidé au progrès des hommes vers l'unité — ont singulièrement entravé ce progrès. Nous découvrons le grand fait moderne. A vrai dire, il a été révélé au milieu du siècle dernier déjà, par un homme que je me suis plu à citer souvent, tellement la hauteur de son esprit, les qualités de son intelligence, l'acuité de sa vision, commandent notre admiration. C'est le comte de Laborde, directeur des Beaux-Arts sous le second Empire et rapporteur général de la première Exposition internationale et universelle qui eut lieu à Londres en 1851. Son rapport, étonnant monument, contient l'essentiel d'une réalité philosophique qui s'adapte, dans la plupart de ses points, à l'époque actuelle. Le comte de Laborde a tout dit et tout prévu, mais il a laissé inconsciemment à son contemporain Karl Marx le soin de conclure. Dans son rapport, il s'exprime ainsi :

« Le mouvement de la Société tend à faire participer le plus grand nombre au partage des jouissances réservées à quelques-uns...

« Quand tous les peuples communiqueront facilement par les voies ferrées, quand ils se parleront d'antipode à antipode avec le fil électrique, quand leurs frontières se seront effacées, leurs douanes confondues, quand on ne pourra plus emprisonner Shakespeare dans son île, enchaîner la Tasse en Italie, Camoens à Lisbonne et arrêter Schiller sur le Rhin, il résultera, j'en suis certain, non pas de la fusion des esprits vulgaires, mais du contact des intelligences supérieures et des expériences longuement accumulées dans chaque pays par son activité nationale, une force nouvelle pour les arts, les lettres et les sciences qui combineront cette multiplicité d'efforts impuissants dans l'isolement, formidables en faisceau...

« J'accepterais les objections, ajoute-t-il ailleurs, s'il s'agissait d'une tendance superficielle, d'un mouvement factice ; mais cette transformation des arts se produit avec le caractère d'à-propos de toutes les découvertes : pas une qui ne vienne à son rang satisfaire un besoin signalé et développer une jouissance cherchée ; pas une qui, par son caractère de nouveauté, ne bouleverse ou n'inquiète l'ordre établi ; l'écriture après la parole, l'imprimerie après l'écriture, la rapidité des communications après l'imprimerie, qu'elle soit obtenue par les relais de poste, les chemins de fer, l'électricité ou la locomotion aérienne, toutes concourent au grand fait de l'extension à tous des conquêtes intellectuelles et matérielles... »

N'oublions pas que nous sommes en 1853 et que le comte de Laborde est un haut fonctionnaire de l'Empire. Derrière cette phraséologie quarante huitarde, il y a une clairvoyance, une audace et une pureté d'esprit qui nous émeuvent, nous qui commençons seulement à découvrir ce que deux inventions récentes, le Cinéma et la Radio, nous apportent de signes annonciateurs des temps qui viennent à nous, si, du moins, nous ne consentons pas toujours à aller à eux sans arrière-pensée ni confiance. Nous dirons donc que s'il n'est pas inutile de faire abstraction, un temps, de la question fondamentale pour rechercher les lois esthétiques susceptibles de régir un mode nouveau d'expression (et il a fallu préalablement reconnaître encore qu'il s'agissait bien d'un mode nouveau d'expression, et ça n'a pas été sans mal et sans disputes !) il est indispensable, pour faire œuvre efficace et pratique, de retourner à la vie, car il en est du cinéma comme de l'art : on ne peut l'étudier essentiellement en relisant son histoire, mais seulement en regardant la vie.

*
* *

Il existe déjà des pressentiments, des concordances et même certaines prises de conscience. Les affirmations, certes, ne manquent pas. J'en ai cité quelques-unes. On en découvrirait facilement une nouvelle dans cette phrase de Dominique Braga : « (L'imprimerie)... a permis la diffusion d'une certaine culture — que nous pourrons appeler historique, qui a été celle de nos grands-papas de la Renaissance à la fin du xixᵉ siècle. Mais les manques de cette culture livresque commençaient à nous apparaître. Grâce au cinéma, nous allons voir se développer une autre forme de culture, moderne, et que nous pourrons qualifier de géographique. » Si nos sociétés n'acceptent pas encore ces réalités et si des luttes s'annoncent ou se précisent c'est que « l'esprit de l'individu est novateur et que la raison de la société est conservatrice ».

Pourtant, nous atteignons le fond du débat avec René Clair, l'auteur d'*Entr'acte* et du *Voyage imaginaire*, car il place, du coup, le cinématographe sur son plan social hors de quoi tout n'est que spéculation intellectuelle : « Un film n'existe que sur l'écran. Or, entre le cerveau qui conçoit et l'écran qui reflète, il y a toute l'organisation industrielle et ses besoins d'argent... Il semble donc vain de prévoir l'existence d'un cinéma pur tant que les conditions matérielles du cinéma ne se seront pas modifiées, ou tant que l'esprit du public n'aura pas évolué... » (voir Blaise Cendrars : l'*A. B. C. du Cinéma*). Allons, nous, jusqu'au bout de notre pensée, et disons : « Le cinéma répond dans son essence et ses réalités profondes aux grandes formes d'expression collectives : art d'espace et de temps, universel et interna-tional, il ne pourra se libérer des puissances étrangères qui l'asservissent *logiquement* pour en vivre, que dans l'indépendance d'un régime économique nouveau fixé sur des bases sociales nouvelles. C'est là le prolongement très net du problème posé dès 1853, par le comte de Laborde : l'union des Arts et de l'Industrie. Chimère vainement poursuivie depuis et encore jusqu'à cette Exposition internationale des Arts décoratifs et Industriels modernes de 1925 qui a été la plus éclatante démonstration de l'union impossible : antagonismes irréductibles du capital et du travail.

Les inventions mécaniques, conséquences des découvertes incessantes de la science, ont provoqué la transformation des techniques ; elles ont rendu nécessaires l'outillage perfectionné et une organisation répondant à des besoins sans cesse accrus, sur le plan universel aussi bien que sur le plan national et international, pour les raisons mêmes énoncées par le comte de Laborde et que j'ai citées tout à l'heure. D'où mise en œuvre de capitaux sans cesse plus importants, d'où exigences toujours plus grandes de ces capitaux — et logiques. Mais d'où, surtout, opposition croissante entre l'art tributaire des moyens fournis par l'industrie et les artistes. Tous ces caractères que d'autres

Une image de « TOUR AU LARGE »
de Jean Grémillon

arts tenaient déjà quelque peu de cette nécessité nouvelle d'acquérir — pour créer — des moyens industriels, le cinéma les rassemble et les porte à leur maximum de puissance. Il rend ainsi indispensable et urgente une conclusion que les autres arts, étant donné leurs conditions d'existence, permettaient de différer.

La maison brûlera pendant que les pompiers joueront aux cartes, — à la manille aux enchères — naturellement.

D'ailleurs, tous ceux qui méditent quelque peu sur la situation présente du cinématographe en proie au mercantilisme se posent la même question. La réponse seule, qui est logique aussi, puissamment logique, les inquiète ou les effraie en ce qu'elle heurte leurs habitudes, leur éducation ou leurs préjugés de classe. J'en ai trouvé, pour ma part, et bien souvent, des preuves chez des correspondants. Elles se résument ainsi : « Monsieur, moins que les autres arts, le cinéma est désintéressé. C'est peut-être à ce manque de gratuité que l'intelligence s'est, jusqu'ici, heurtée ; c'est pourquoi, sans doute, elle lui a refusé son adhésion. Le *Ciné-Club de France*, les *Cahiers du mois*, le *Vieux Colom-*

bier, le *Studio des Ursulines*, ne feront-ils que retourner le fer dans une plaie qui ne demande pas à être guérie ; la guériront-ils malgré elle ? » Ou bien : « A côté de ces belles certitudes que je partage avec vous, monsieur, je voudrais vous faire part d'inquiétudes qui constituent, selon moi, une face essentielle du problème. Vous avez fait ressortir, vis-à-vis des quelques sous nécessaires à l'écrivain, des quelques francs que dépensent le peintre ou le sculpteur, la formidable mise en œuvre de capitaux que réclame l'œuvre cinégraphique et qui la met entièrement sous la domination de l'argent. N'est-ce pas là une tare et une tare irrémédiable qui frappe cet art nouveau ? Car espérer l'indépendance d'un état social meilleur, vous m'accorderez que c'est faire preuve d'un optimisme peut-être excessif et à bien lointaine échéance ! Or, le cinéaste de demain, revenu à l'universalité première, tout à la fois scénariste, poète, architecte, musicien, photographe, peintre, physicien, industriel devra, par surcroît, trouver les capitaux qui alimenteront son activité. S'il n'a pas une grande fortune personnelle, comment sauvegardera-t-il son indépendance ? Comment même, jeune et inconnu, trouvera-t-il le concours financier qui lui permettra de réaliser ses conceptions, de s'affirmer une première fois... Je crains seulement que, dans l'état actuel des rapports sociaux, vous ne puissiez, monsieur, m'apporter la révélation, que je cherche, de faire vivre un art dans les limites d'une industrie... ».

Répondons :

« Tout art est essentiellement fait du désintéressement de l'artiste en face de son œuvre : préoccupation unique de la création et, cette création rendue parfaite, l'abandon de l'œuvre au profit de tous — cela dans le passé, les arts ne nécessitant pour l'artiste que la mise en œuvre de moyens matériels assez restreints. La force du génie suppléait à toutes choses, elle bousculait les obstacles, créait elle-même les moyens et, au besoin, l'artiste donnait un peu de son sang. Mais nous savons maintenant que les arts — où nous découvrons des équivalences et des comparaisons faciles — sont en opposition pratique, sinon théorique, avec le cinématographe. On en dirait autant du cas particulier de la Musique et de la Radio. On joue volontiers sur les mots, et avec, on dit les arts et l'Art. On confond fin et moyens. Alors que l'art proprement dit n'est pas seulement une matière nouvelle comme l'aluminium ou le caoutchouc, mais « le sentiment de l'homme qui prend une forme et qui est venu au monde avec l'homme ».

Certes, dans l'état social actuel, l'œuvre cinégraphique est entièrement sous la domination de l'argent. Mais cette constatation appelle un raisonnement contre lequel on ne peut rien ou tout. Pour que le cinématographe se réalise, il faut le délivrer de la domination de l'argent. Qui fera cela ? Le système de production de l'économie socialiste. Et comme cette économie socialiste n'est possible que par les moyens révolutionnaires, attendons la Révolution — ou préparons-la, selon le degré de notre courage. On ne peut rien contre cela. C'est un tremplin mathématique. On n'évitera pas le triple saut périlleux dans l'espace, entre deux roulements de tambour. Il s'agit seulement de retomber sur ses pieds et de reprendre solidement la marche en avant.

* *
*

Il y a aussi autre chose. On s'habitue trop à penser que les conditions matérielles d'existence du cinématographe sont immuables. Manque d'imagination. Nous sommes dans l'attente continuelle des découvertes. Il en est d'attendues, de nécessaires d'inévitables.

Je n'en citerai que deux, la première d'ailleurs est de transition, et non sans dangers pratiques.

On sait que la pellicule — positive et négative — est actuellement très chère et extrêmement fragile. Ce qui a pour conséquences : 1º nécessité de confier la projection des films à des spécialistes susceptibles de lui procurer le maximum de rendement ; 2º création de salles de projection dont les bénéfices d'exploitation seront suffisants non seulement pour amortir dans les frais de location d'un film les capitaux nécessaires à la réalisation de l'œuvre elle-même, mais les copies mêmes du film. On sait que le film d'enseignement, appelé à jouer un rôle si considérable dans l'avenir, connaît actuellement une vie médiocre et de pis aller pour cette raison fondamentale du prix excessif et de la fragilité de la pellicule. Qu'on imagine donc qu'un chimiste, demain, crée le support idéal : solide, non rayable, ininflammable et bon marché. C'est, d'un coup, toutes les conditions matérielles de la production cinématographique remises en question, renversées — car, correspondra immédiatement à cette invention, la création par un mécanicien d'un appareil de projection pratique, également bon marché, susceptible d'être acquis par un très grand nombre de clubs, groupements, etc... Ce qui provoquera aussitôt, pour un film intéressant, le tirage et la mise en circulation d'un nombre de copies considérables, afin de satisfaire aux besoins d'une clientèle qui s'étendra dans le monde entier, soit qu'on achète directement des copies pour la constitution d'une bibliothèque, un peu à la façon dont on achète actuellement des disques de phonographes, soit qu'on loue ces films à des cinémathèques privées ou publiques. Les salles de projection ne cesseraient point d'exister pour cela, pas plus que les concerts symphoniques n'ont cessé d'exister depuis la Radio.

Pourtant leur rôle tendrait à se spécialiser davantage, dans l'exceptionnel et le répertoire.

Mais ceci n'est que transitoire et j'en a rive à la deuxième découverte.

Il est normal de prévoir une invention qui permette de transmettre un film à distance. Depuis quelque temps, par sans fil, on transmet des images statiques. Il est logique de penser que les perfectionnements du système provoqueront la découverte du moyen de transmettre, par sans fil, une image en mouvement — donc un film. Dans ce cas, c'est aussitôt la création de postes émetteurs et qui, comme pour la T. S. F. perfectionnée, permettront à tous les particuliers qui posséderont chez eux un écran récepteur, le choix des programmes. Il est évident que, dans ce cas encore, toutes les conditions du cinématographe sont de nouveau bouleversées — production et exploitation. Il est non moins évident que ces découvertes correspondront à une organisation nouvelle de l'économie nationale et internationale, car elles commandent un ordre, une méthode, et — au début — une centralisation que le système d'économie sociale actuel ne saurait assurer sans se détruire lui-même. Nous n'aurons pas besoin, pour cela, de relire Karl Marx ou Lénine. Nous avons déjà compris que, logiquement, tout dans le mouvement actuel des phénomènes sociaux, de l'économique à la politique, prépare et commande ces événements et cet avènement.

Qu'on ne rétorque pas, surtout, que raison ou sentiment se révoltent contre de telles perspectives. C'est un premier mouvement qu'il faut vaincre pour pouvoir méditer avec fruit. La vie ne se découvre pas sans drame. Il faut abattre des préjugés, des habitudes, sacrifier des intérêts et des satisfactions personnelles. Ici, la froide raison conduit au pathétique.

Cette centralisation, à un moment donné indispensable, le comte de Laborde (on peut sans cesse revenir à lui, puisque les antécédents font partie des garanties de sécurité bourgeoise) l'avait d'ailleurs pressentie lorsqu'il déclarait nécessaire l'établissement d'une manufacture nationale créatrice de modèles, où seraient groupés les meilleurs artistes, et qui permettrait, grâce à l'autorité de l'État, l'éducation progressive du public. Seulement, ce que le comte de Laborde ne pouvait prévoir et dire, c'est cette impossibilité où se trouve un État politique tel que l'État bourgeois de produire dans des conditions utiles à l'intérêt national. Le comte de Laborde avait l'idéalisme de nos grands-pères. Son utopisme l'aveuglait assez pour qu'il crût possible que, dans un tel État, les intérêts d'argent ne fussent pas seuls à ordonner les actes, surtout dans les périodes aiguës de crise où l'égoïsme déchaîné hurle le sauve-qui-peut à son profit.

Il faut, pour créer ce centralisme puissant qui sauvera ce qui survivra sur cet autre radeau de la Méduse et donnera son essor à ce qui naîtra, une force toute-puissante et désintéressée : c'est-à-dire cet État politique provisoire, appelé en effet à disparaître peu à peu sous l'action même de l'organisation économique nouvelle, et qui prendra d'abord pour les utiliser pleinement à son profit, avant que de les dissoudre, les puissances de l'argent (1).

(1) Et la Russie des Soviets ? demandera-t-on. N'est-il pas admirable qu'on puisse déjà répondre par le *Cuirassé Potemkine* de Eisenstein et par *la Mère* de Poudovkine, deux chefs-d'œuvre du cinéma, premiers résultats pratiques et indiscutés d'un système d'organisation que seuls les soviets ont rendu possible, films entrés dans l'histoire du cinématographe *parce qu*'ils sont entrés en même temps dans l'histoire révolutionnaire.

*
* *

Né avant les temps sur lesquels il régnera, avec d'autres formes d'expression nouvelles, connues ou inconnues encore, le cinématographe, premier venu des arts cinématiques, ne peut que souffrir durement, plus que tous les autres organismes de production, de la crise d'une économie sociale devenue impuissante, dépassée par les événements et qui, déjà, se survit à elle-même. Question de temps et de mal plus vif pour que les yeux s'ouvrent. Tout dans le présent l'entrave et le condamne, nous l'avons vu. Mais le temps n'est pas perdu et ne saurait l'être en cette attente. L'héroïsme des vrais cinéastes — ils sont déjà quelques-uns dans le monde — assure présentement au cinématographe sa préparation théorique et pratique. Cela grâce aux perfectionnements techniques, grâce aux réalisations fragmentaires qu'ils réussissent malgré et, parfois, contre leurs commanditaires, les petites amies de ceux-ci ou les stars, les éditeurs, les loueurs et les exploitants. Les exceptions confirment, ici également, la règle. Aimons donc les cinéastes pour leur ruse et leur courage à tenir contre tout et contre tous, contre le ciné feuilleton français, le trust américain et la presse vénale. Ils mettent peu à peu au point un instrument admirable qui sera prêt pour ses grandes tâches.

Le cinéma n'a donc pas de tare irrémédiable. Il n'y a pas d'optimisme excessif, et si l'échéance à laquelle faisait allusion le correspondant que j'ai cité plus haut est plus ou moins lointaine, est-ce une raison pour n'y point travailler de toutes nos forces ? Alors le Cinéaste — alors — n'aura pas besoin de fortune personnelle. Les biens spirituels auront une valeur que les biens matériels n'ont pas connue. La collectivité garantira à l'artiste son indépendance *parce que tel sera l'intérêt, alors, de la collectivité*. A chacun selon ses besoins.

On objecte : il faut se méfier des théories : il ne faut pas être dupe d'une explication universelle. A quoi il est facile de répliquer : l'examen critique et l'analyse pratique des sociétés humaines, la vertu historique, tout nous amène aux mêmes conclusions, sous peine de nous nier nous-même. Nous n'avons qu'à accepter franchement ces conclusions, avant qu'elles ne s'imposent à nous d'elles-mêmes. Si, philosophiquement, à l'égard de ce que j'appellerai le futur infini, nous gardons ce pessimisme émouvant qu'exprimait Elie Faure, dans une étude publiée par la revue *Europe*, sorte de nouvel et plus vaste « au-dessus des mêlées », nous n'en avons pas moins un solide optimisme touchant le futur présent. C'est cet optimisme seul qui reste capable de pousser l'homme à l'action, puisque seule, l'action exprime un rythme vivant. Elie Faure écrit : « Tout le monde ment, ceux qui s'enveloppent dans le suaire du passé, ceux qui portent dans leurs entrailles l'embryon de l'avenir. Sans doute parce que le mensonge est une arme morale permanente, qui tente de substituer sournoisement à une réalité trop atroce un prétexte sentimental capable de rallier autour de lui presque tous les hommes incapables de regarder en face leur effroyable destin... L'homme est Sisyphe en vérité, s'il veut persister dans sa force qui toujours renaît de ses cendres, il doit rester Sisyphe jusqu'à la fin... Ceux qui croient supprimer « le mal » alors qu'ils le déplacent seulement en supprimant un prétexte du « mal », travaillent de leur mieux au cheminement de la vie, en entretenant dans la vie un enthousiasme anxieux, nécessaire à sa marche. Ils tuent les illusions mourantes. Ils créent les illusions vivantes. Que la paix soit donc avec eux, jusqu'au cœur sanglant de la guerre ». Cet éternel recommencement lapalissard qui provoque le cri désespéré d'Élie Faure, que ne saurait corriger cette fiche de consolation qu'il accorde aux hommes, avec sa bénédiction, d'une main de sage retiré sur la plus haute des hautes cimes, est bien ce qui nous émeut le plus et nous invite le mieux à poursuivre notre tâche. Cet éternel recommencement étant la vie même, nous désirons y participer de toutes nos forces nues. Parce que nous aimons la vie avec tout ce qu'elle nous prend et tout ce qu'elle nous donne. Et dans le fait que, nous y confondant avec notre sensibilité, notre intelligence, nous y sommes alternativement — ou simultanément — triomphants et meurtris, nous découvrons précisément la suprême justification de notre optimisme. Le cinéma nous annonce quelque chose : nous l'aimons moins pour ce qu'il nous donne que pour ce qu'il pour promet. Nous renversons les tours immobiles, mortes comme des bornes. Nous érigeons à leur place des spirales sans fin qui conduisent à l'évasion. Nous avons découvert dans le cinématographe un premier moyen formidable de participer plus largement et plus intimement que jamais à la vie profonde de l'homme, à ses lâchetés et à ses. grandeurs, cela suffit à nos raisons. Nous aimons Charlot comme il nous aime. Et vous dites que la poésie est morte ! Dites qu'une poésie est morte et qu'une autre naît. Elie Faure dit : « Sisyphe ». Sisyphe soit. Sisyphe s'épuise à hisser un roc jusqu'au sommet de la montagne et si, chaque fois qu'il croit atteindre ce sommet, il connaît dans la déception la pire des souffrances et n'en recommence pas moins sa tâche, c'est qu'il conserve dans le cœur et dans l'esprit l'espoir de réussir un jour. Malheur à ceux qui voudraient ruiner l'espoir de Sisyphe ! Malheur à ceux qui, de l'esprit de l'homme arrachent les certitudes et ruinent l'amour dans son cœur ! Malheur à ceux qui n'ont plus de foi ! Dans sa descente vertigineuse, le rocher de Sisyphe les écrasera !

*
* *

Résumons pour conclure. Notre imagination doit suffire à combler notre impatience. Les cataclysmes ne sauraient nous étonner ni nous effrayer : délivrances douloureuses, attendues à cause de leur rayonnement et des sursauts humains qu'elles annoncent. Le Cinéma naît. Il naît à la fin d'un temps auquel il ne correspond point, nous l'avons vu, pour annoncer les élans secrets d'un temps qui va naître avec lui. Il souffre des soins d'un individualisme qui s'épuise et s'exaspère. Il se développe au milieu d'un système de forces hostiles et de forces indifférentes qui l'étouffent en le berçant. Toute l'économie sociale coalisée s'acharne contre les attentions maladroites et l'abnégation de quelques-uns. C'est, nous le savons, qu'on veut vivre de lui au lieu de le faire vivre.

Toutes les volontés alliées ne créent pas un style, mais raison et sentiment créent l'art. Il n'y a pas d'œuvre, s'il n'y a pas désintéressement de l'artiste en face de l'œuvre. Et le film, peu ou prou, comme les grandes constructions collectives dont il se rapproche par plus d'un trait et même par l'originalité et l'autorité qu'il réclame du maître d'œuvre, sera anonyme ou ne sera pas. Répétons-le, le Cinéma dira l'unité humaine. Il est né pour ça. Son caractère international est sa première vertu.

Anonyme. Qu'on me comprenne. Une signature, au cinéma, vaudra moins qu'une date, et si le film révèle une personnalité, celle-ci s'exprimera dans une synthèse. L'écran nous rend, dans leur plénitude, la simplicité et la pureté du sentiment. Il nous en révèle les phases ignorées et, ralenties, les richesses concentrées. Le film rassemblera les élans, les désirs, les joies, les souffrances, les enthousiasmes des foules, lorsque ces foules seront unanimes. Il réalisera, une seconde, des minutes, une heure, une participation émouvante et générale. Pour tout dire il fera pousser le même cri d'un pôle à l'autre. Voilà le grand fait qui s'annonce. Et qui s'annonce déjà dans quelques films d'aujourd'hui.

Il est vain de parler d'esthétique ; nous ne sommes plus dupes des mots — voici chez nous *les réalités* : querelles de boutique

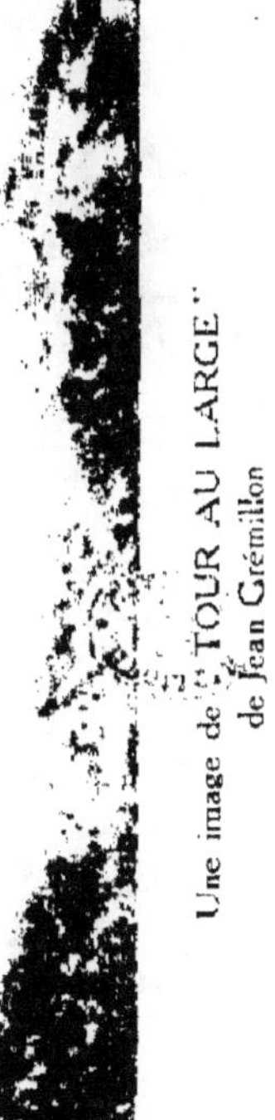

Une image de "TOUR AU LARGE"
de Jean Grémillon

et de petits boutiquiers ; affaires qui se traitent avec plus ou moins d'honneur et aux combinaisons desquelles les artistes se prêtent plus ou moins secrètement : car il faut vivre. Et si le cinéma n'est pas le seul à souffrir de l'actuel état de choses créé par le capitalisme, il en est peut-être la victime la plus significative, parce que la plus atteinte et en même temps la plus triomphante. A l'autre bout de l'Europe un peuple enfante un nouveau monde, un autre monde. Ici, isolés à l'écart, et par conséquent dans une situation considérablement précaire, quelques hommes de bonne volonté comprennent et luttent, mais rares sont-ils. En attendant flamboient au fronton : importation et exportation, 100 pour 100, défense du film français, voire Européen, etc... L'économie ramène l'esthétique à la valeur de petits soucis. Question d'urgence. Restons-en là.

Le Cinéma sera.

———

POUR UNE POÉTIQUE DU FILM

par André Levinson

I

De la nature du cinéma

Dans les jugements portés sur le cinéma par l'élite, deux tendances s'affrontent, également étrangères à l'investigation désintéressée. D'une part, c'est la surenchère, allant jusqu'à l'idolâtrie, des amis du septième art qui professent une espèce de messianisme du cinéma, agent cosmique, fait pour changer la face du monde et transfigurer la vie morale de l'humanité. Ces violents jubilent en voyant déjà les arts majeurs résorbés et abolis par le cinéma triomphant. D'autre part — et la récente diatribe de M. André Suarès contre « le cœur ignoble de Charlot » en fait foi, — les contempteurs du cinéma, pâture du vulgaire, selon eux, et endormeur des foules vautrées dans la paresse intellectuelle, le récusent sans appel et lui refusent toute dignité d'art. Panégyriques et invectives, l'engouement des uns, la hargne des autres, dépassent au même point le but. Les luttes du jour obscurcissent, à leur tour, le problème fondamental. Le publiciste qui se préoccupe de l'état actuel du cinéma, le réalisateur qui dénonce l'offensive des tenants de l'industrie du film contre l'esprit, tiennent magnifiquement tête à Caliban qui s'est emparé du « regard de verre ».

Une telle controverse est, certes, à l'ordre du jour.

Or, en principe, le cinéma, considéré en soi et en dehors des contingences, ne mérite ni cet excès d'honneur, ni cette indignité. S'il a, paraît-il, créé un sens nouveau, que le regretté Louis Delluc a étudié sous le nom de *photogénie,* la production du film et les réactions du spectateur obéissent à des lois immuables et qui précèdent l'invention de la photographie vivante, lois qui régissent éternellement l'entendement et la sensibilité humaine, l'expression et la perception. Le cinéma est, pour le théoricien, un cas d'espèce, mode spécifique de l'imagination créatrice, mais qui touche par plus d'une tangente aux formes d'art antérieures. Il possède une technique propre ; il ressortit néanmoins aux données générales de l'esthétique.

Comme quoi le cinéma est un art

Mais cette activité particulière de l'esprit répond-elle, par définition, en sa substance et par sa matière, à la notion d'*art* ? Il n'est pas question d'établir si le cinéma est bon ou mauvais, mais de savoir s'il remplit les conditions qui distinguent l'œuvre d'art de tout autre produit naturel ou manufacturé. Dans l'affirmative, il nous faut désigner sa place dans le système des arts, voire son grade dans leur hiérarchie.

Qu'est-ce qu'est l'œuvre d'art, tableau, symphonie ou roman ? Avant tout une *fiction*, une réalité nouvelle, imaginée et réalisée par l'artiste qui ajoute ainsi à la création. Comment cette fiction est-elle obtenue ? Par la *sélection* des données que nous offre la nature — couleurs, volumes, émotions ou sonorités — et leur *regroupement* selon

un *ordre* arbitraire. Le *choix* de ses éléments
empiriques et leur *ordonnance*, équilibre de
volumes, harmonies des proportions, rythme
musical ou visuel, bref tout ce qui établit
des rapports réciproques entre les parties
d'un objet, sont le propre de l'œuvre d'art
qui devient, à ce titre, un agent cosmique ;
avantage que M. Marcel l'Herbier reconnaît au seul cinéma. Une troisième phase,
non moins importante, parachève ce travail
d'abstraction. L'œuvre d'art est *isolée*
de son ambiance, inscrite dans les limites
de sa forme ; ainsi tout tableau est avant
tout disposé sur une surface symétrique ; le
cadre accuse l'isolement de ce microcosme
reposant en soi qu'est une peinture. L'Art
enferme l'infini des phénomènes dans le fini
des formes. C'est donc le degré d'abstraction,
de *stylisation* qui détermine la hiérarchie
des arts. Plus la transposition est complète,
les données de la réalité immédiate se trou-
vant éliminées et remplacées par des équivalences, plus l'œuvre est souveraine.

Dans ce sens, par exemple, la peinture
se montre supérieure à la statuaire. Le sculpteur situe des volumes réels dans un espace
effectif. Le peintre, aux prises avec une surface

à deux dimensions, feint le volume des
objets figurés qu'il place dans un espace
illusoire, suggéré par l'artifice. Le sculpteur
de son côté fait abstraction de la couleur,
et opère uniquement avec la masse et la
lumière. Le théâtre fait agir des personnages
en chair et en os sur un plateau, soit dans
un lieu réel. Toutefois les acteurs vivants
se substituent à des êtres imaginaires,
tiennent des propos que l'arbitraire du poète
leur met dans la bouche ; l'espace scénique,
exactement délimité, figure un intérieur ou
un site ; encastré dans le mur, cet espace ne
s'ouvre que du côté de la rampe ; comédiens et
décors se présentent ainsi sur l'unique plan
visuel, face au spectateur ; le théâtre dont
la qualité d'art est peu contestée, est ainsi
un mélange hétéroclite du conventionnel
et du naturel, du figuré et du direct, de la
fiction et de la réalité.

Peinture et photographie

Où en est au point de vue de ce dosage
le cinéma ? L'argument majeur que l'on
peut lui opposer c'est qu'il est basé sur la

photographie, soit sur des processus photo-chimiques qui d'une façon automatique et objective fixe les aspects d'une réalité non transposée. Le film serait-il ainsi vicié à la base ? L'action de la lumière sur une plaque ou pellicule sensible a-t-elle quelque chose à voir avec l'art ? La photographie figure dans maintes lamentations comme le « ceci tuera cela » de la peinture. Pour dire que le réalisme d'un tableau est mesquin, impersonnel, dépourvu de vie propre, calqué sur l'objet, soit *antiartistique*, on a l'habitude de dire qu'il est *photographique*, tare irré-missible. Or, le cinéma est un dérivé de la photographie.

Encore faut-il résoudre cette question : le cliché photographique présente-t-il quelques-uns, au moins, des caractères d'art que nous avons succinctement énumérés ? Certes, *oui*, quoique la main du peintre qui dirige le pinceau y soit remplacée par le regard de verre de l'objectif. Nous disions que l'art est le choix et la combinaison dans un ordre volontaire des éléments de la réalité, que ce soient des volumes, des émotions ou des bruits. Cette ordonnance arbitraire et con-ventionnelle, qui transforme la matière brute en œuvre d'art, nous l'appelons la forme.

La photographie comporte-t-elle des éléments de cette *convention* qui recrée un objet ? Imprime-t-elle une forme à l'image ? Encore oui. Sans être d'essence purement artistique et tout en conservant des éléments de réalité non transposés, la photographie sauvegarde plusieurs caractéristiques de l'*art*.

Ainsi la photographie a ceci de commun avec la peinture qu'elle projette les volumes sur la surface plane. Première stylisation.

La solidité des corps, autant que l'espace, où ils se situent sont fictifs, illusoires. Seconde convention : limitation du champ visuel et insertion de l'image dans un cadre symétrique. Troisième convention : exagération de la perspective, phénomène qui à son tour a impressionné des peintres de la valeur d'un Piccasso (pieds ou mains gigantesques, disproportionnés, au premier plan d'une toile). L'image se trouve ainsi stylisée et isolée ; autant de propriétés de la vision artistique ! Ce n'est pas, en somme, l'objectif qui prime ; il enregistre mécaniquement ; mais il est guidé par l'œil du photographe qui en situe le foyer. Ainsi la photographie est une technique, mais elle peut être un moyen d'expression artistique, une écriture comme toute autre. Qu'un vers de Paul Valery ait été typé à la machine, puis composé en caractères d'imprimerie, sa substance musicale et spirituelle n'en est pas entamée. La molécule du film, l'image isolée, petit quadrilatère de quatre centimètres carrés environ, peut donc posséder une beauté intrinsèque et une haute qualité d'art. Sa mise en mouvement par la manivelle, son déroulement en série, lui impriment des vertus nouvelles que nous allons étudier par la suite. N'oublions pas que l'image est agrandie au centuple par l'appareil de projection ; autre transposition, celle de l'*échelle*, cette fois-ci propre uniquement à l'écran magique.

Quoi qu'il en soit, la technique de la photographie vivante, dont nous constaterons les résultats surprenants, se montre supérieure, en sa faculté d'abstraction, au théâtre dont la matière brute déborde la grêle charpente.

Or la plupart des attaques, contre le principe même du cinéma ont pour point de départ une doctrine esthétique instaurée par le théâtre. Il s'agit d'aller au fond de cette querelle et de procéder à une confrontation rapide des deux genres.

Confrontation du cinéma avec le théâtre

Pourquoi la véritable nature du cinéma n'est-elle pas encore apparue à l'entendement d'une élite qui reste dédaigneuse, sceptique ou récalcitrante ? Elle l'approche avec les habitudes mentales acquises par la fréquentation des autres arts, et en particulier avec leur expérience de la chose théâtrale. Il y a donc erreur initiale. L'*écran* s'oppose nettement au *plateau*. Ils diffèrent du tout au tout, dans leurs moyens, comme dans leur objet, même quand le film traite les mêmes situations que le drame. Ce n'est pas le sujet qui décide ni la matière thématique ; ce sont les *modes d'expression* qui diffèrent au même point que ceux de la musique et de la sculpture. Aucune confusion entre ces deux derniers types de l'activité artistique n'est évidemment possible. Et, cependant, ils puisent à la même source : l'émotion créatrice, et les sensations qui en découlent pour nous sont parfaitement analogues : sens de l'harmonie, soit d'une heureuse proportion ou du retour régulier et délectable de certains éléments. Il en est de même pour le cinéma. Ce n'est pas en ce qu'il a de commun avec les autres arts qu'il faut chercher le mot qui ouvre ce Sésame ; c'est dans sa nature propre, dans ses procédés « spécifiques ».

Le cinéma s'écarte de toute autre activité de l'esprit à une exception près que nous nous proposons d'examiner, par cette magie qui opère à chaque tour de manivelle.

L'appareil de l'opérateur est une machine à transformer le temps en espace, et à rebours. C'est la plus grande surprise philosophique depuis Kant. Prodigieux et paradoxal mécanisme qui entrelace et substitue l'une à l'autre les deux catégories selon lesquelles nous pensons l'univers. La sculpture est matérielle, spatiale, immuable. La musique, invisible, impalpable s'accomplit dans la durée. La projection d'une bande est visible et transitoire. Gœthe parlant des analogies citées plus haut, appelait l'architecture une « musique figée ». Le cinéma est une peinture animée, « motion picture », comme disent les Anglais. Chez tous les peuples on trouve quelque récit merveilleux, où l'on voit l'image de la Madone, statue ou icône, s'animer et se pencher vers celui qui l'implore. A ce signe l'assistance reconnaît, sous les haillons du lépreux ou la cape du jongleur, la personne du saint. A tous les instants, seize fois par seconde, le cinéma accomplit le même miracle. Ainsi donc, l'opérateur isole l'image, il la fixe sur le parallélogramme lumineux ; il reproduit ainsi, par un procédé photochimique, le geste même de peindre. Puis — ce que le peintre ne saurait faire — il met l'image en mouvement. Je ne puis m'attarder ici à une énumération des ressources innombrables qui découlent de ce principe même. On sait à quel point une infirmité fonctionnelle développe chez le patient les autres facultés. Nous avons l'habitude de faire de la pensée l'apanage de la parole prononcée ou écrite. Le grand muet ne dit mot ; il n'en pense pas moins et surtout il y voit. Le cinéma est le langage même de l'imagination visuelle.

Par contre, le théâtre parlé ressortit à l'*éloquence*. Il procède au moyen de la dialectique. Il réduit la pénitude des sentiments

humains, la complexité de la vie intérieure
à un débat verbal, à une argumentation
contradictoire. Les « dramatis personae »
s'expliquent réciproquement sur elles-mêmes
avec plus ou moins de volubilité. C'est la
convention fondamentale qui régit le théâtre.
Il donne à ce qui se passe en nous tacite-
ment une expression dialoguée. Une pièce
est une indiscrétion en tant d'actes qui, dans
la vie courante, épouvanterait le pire bavard.
Sur la vérité intime, abusivement traduite
et trahie par l'élocution, repose la comédie.
Cet art loquace se débat en de continuelles
crises. Des personnages en chair et en os
miment dans l'espace réel de la scène une
action fictive et prononcent un texte inventé.
Les règles du théâtre, dont ses *unités* qui préoc-
cupèrent nos grands tragiques, proviennent de
ce mélange forcé du conventionnel et du réel ;
Aristote, conscient peut-être, du paradoxe
d'un théâtre oratoire, fait de nécessité
vertu.

L'écran est, en même temps, plus libre
et plus conventionnel que le plateau. Conventionnel en tant qu'il nous donne, de
l'acteur et du lieu, non la présence réelle ;
mais le reflet. Libre, car il s'émancipe de

la logique des joutes verbales et de l'arbitraire de l'unité. Il n'a nul besoin de localiser artificiellement l'action, puisqu'il peut suivre son héros partout en multipliant cadres et plans.

Trouverons-nous, dès lors, la mariée trop belle ?

L'art muet nous montre les choses avec la plénitude même de notre vision intérieure, dans l'ordre où ils apparaissent à notre imagination, émergent de notre mémoire, s'enchaînent dans nos rêves. Ce n'est plus la continuité rigoureuse et abstraite du syllogisme. La mise en scène théâtrale d'une passion ou d'une idée se plie au *raisonnement*. L'association des images dans notre cerveau est *irrationnelle*. La foule des images afflue au seuil de notre conscience, tourbillonne dans les ténèbres, derrière la porte, frappe à cette porte, enfin entre dans la zone de lumière. Le cinéma traite l'image avec la même ductilité ; tantôt il trempe l'être et le geste du personnage dans le courant général du mouvement, tantôt il les détache et les fait ressortir en refoulant les éléments ambiants. Le *gros plan* intervient. Mais n'anticipons pas !

II

LE MONTAGE DU FILM
ET LA COMPOSITION LITTÉRAIRE

C'est avec le montage du film — dont le découpage préalable du scénario préfigure les dispositions générales — que commence pour le cinéaste le travail du style. Qu'est-ce que monter ? C'est coller bout à bout des fragments de la bande, tournés dans les différents cadres. L'image isolée, occupant normalement l'écran un seizième de seconde, n'est qu'une unité abstraite du film ; elle n'est pas perçue comme un tout et n'agit pas par elle-même. Le langage vivant ou littéraire n'est, de même, pas composé de mots isolés, puisés dans le dictionnaire. C'est le contexte, les enchaînements fixes ou libres avec d'autres mots qui les font vivre : la locution, la phrase, la strophe, d'autres dispositifs et « aggrégats » logiques, expressifs ou rythmiques.

Pour le film, cette « unité », élément de composition, c'est le *cadre de montage*, soit une série d'images prises sur le même plan,

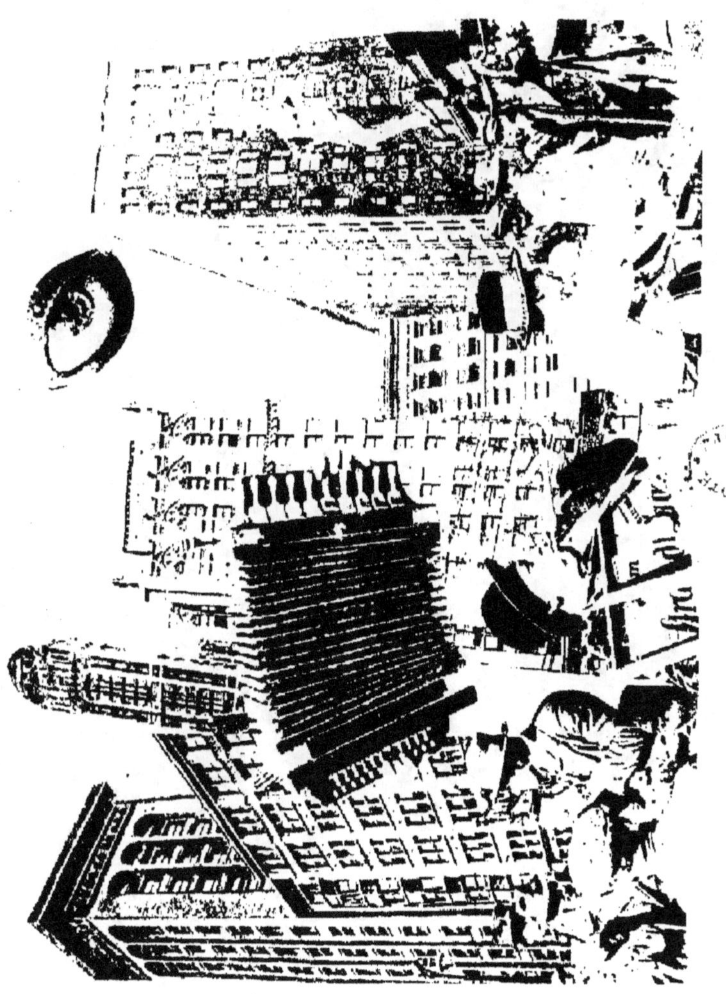

BERLIN. — SYMPHONIE DE LA CAPITALE
Film de Walther Ruttmann sur un argument de Carl Mayer

sous le même angle visuel, dans le même lieu et dont rien n'interrompt l'écoulement continu sur tant de mètres de bande, soit en tant de secondes de temps.

Or, le débit d'un film, sa forme et sa portée, dépendent essentiellement des rapports de longueur-durée entre les cadres juxtaposés, de leur valeur *relative*.

D'une façon générale, cette articulation du film n'est pas symétrique ; elle ne répond pas au mètre du vers qui est une pulsation régulière, ni aux bâtons de mesure qui règlent et jalonnent la musique. Elle s'évade des formules numériques. Si nous parlons musiques à propos du cinéma, ce n'est pas au mouvement de 3/4 ou de 2/4 que nous songeons, mais au phrasé du chant ; cependant l'analogie la plus saisissante, c'est celle d'une prose nombreuse et rythmée, sans être scandée. Nous devrions analyser les *changements de cadres* chez un Griffith ou un Abel Gance avec le même soin que M. Gustave Lanson met à décomposer, en Sorbonne, les coupes d'une oraison funèbre de Bossuet, la première phrase de *Salammbô* ou la cadence d'une contemplation de Barrès.

La catégorie de la durée

Le montage d'un bon film ne connaît ni l'alternance rigoureuse du discours versifié, ni les carrures de l'air à reprises. Les thèmes visuels se déroulent en une mélodie infinie, pour parler comme Richard Wagner ; la structure du film le plus harmonieux est forcément *asymétrique*, rebelle aux équilibres stables. « Qui est celui de nous... qui n'ait rêvé le miracle d'une prose poétique, musicale, sans rythme et sans rime, assez souple et assez heurtée pour s'adapter aux mouvements lyriques de l'âme, aux ondulations de la rêverie, aux soubresauts de la conscience. » Ce rêve familier de Baudelaire, réalisé par lui dans les *petits poèmes en prose*, est le secret même du montage, don mystérieux fait d'intuition et de lucidité, puisé dans la faculté émotive du metteur en scène et dans sa divination de l'âme du spectateur. Le fait est que la durée réelle d'un cadre, sa valeur métronomique n'est pas une indication décisive ; tout dépend de l'intensité de l'émotion exprimée par les acteurs et imprimée aux spectateurs ; le

nombre des images qui épuise une sensation
est indéterminé ; l'estimation de la durée est
au cinéma subjective et variable. On peut
nous frapper de stupeur, nous glacer d'effroi
en projetant cinquante centimètres de film ;
à force de concentration, on peut réduire à
moins encore un cadre significatif : geste
monumental, attitude ou détail symbolique
occupant un gros premier plan. On peut,
par contre, insinuer un état d'âme sur des
dizaines de mètres, par progression lente,
enveloppement, torpeur poétique. Bref, notre
sens de la durée objective est aboli par le
facteur psychologique, par le rendement
émotif d'un cadre, les mille impondérables
d'un blanc et noir. Au cinéma le temps
retrouvé diffère ainsi du temps perdu ;
il subit une transformation. En parlant
du *temps* d'un mouvement filmé, poursuite,
course sportive ou autre chevauchée, il
faut distinguer la rapidité de l'action figurée
de la longueur-durée du film qui enregistre
cette action. Le tacot en folie d'un *Fox-
film* vous dévore un demi-kilomètre de pellicule, soit au taux normal de seize images
par seconde, une demi-heure de spectacle
et 30.000 images, tout en vous laissant

sous le coup d'un vertige de vitesse. C'est que cette vitesse n'a plus rien d'objectif, mais est le fait de notre attention captée et dirigée d'une certaine façon. Il en est de même de cette notion quasi ésotérique qu'est le *rythme* d'un film, ensemble des rapports de tous les cadres formant la bande entre eux et avec le tout. Le *rythme* n'est donc pas une mesure mécaniquement battue, mais une succession de cadres de longueur variée faite pour tenir notre attention, notre sensibilité, notre imagination et notre mémoire constamment en éveil, sans longueurs, vides, ni lacunes. Jauger la valeur juste et utile de chaque tronçon, c'est le génie même du cinéaste.

Le rythme, résultat d'un montage pertinent, est le plus persistant agent morphologique de l'art muet ; il est sa forme. Certes la composition du cadre lui-même, l'agencement du décor ou le choix de l'angle visuel, l'éclairage, le jeu des comédiens réglé en fonction de l'ensemble, forment une première étape d'une incalculable importance. Le travail de mise en scène et de prise de vue fournit au montage sa matière. Mais c'est ce dernier qui décide en dernière instance.

C'est le chemin même qui mène de l'écriture et de la syntaxe d'une proposition simple à l'élaboration d'un roman.

Le film et le roman

Je maintiens cette analogie, quoique suspecte de littérature, à tel point je la trouve idoine à servir ma démonstration. Les deux mille mètres d'un film et les deux cents pages d'un roman obéissent aux mêmes nécessités et ont recours aux mêmes procédés pour agir sur leurs publics respectifs.

Cette parenté est tout à fait évidente ; c'est d'ailleurs moins le théâtre que menace la vogue du cinéma que le livre.

Le film est le concurrent non du tréteau, mais de l'écrit.

La *différence* entre ces deux modes d'expression est patente.

Cependant nous allons la spécifier. Le cinéma est un langage visuel, il nous fait voir les choses. Le graphisme du livre est, si l'on veut, également visuel ; nous lisons avec nos yeux. Seulement l'écrivain use de lettres et de mots, signes idéographiques convenus, et non plus images directes. Les mots sont des concepts qui *évoquent* des réalités morales ou matérielles, les suggèrent, s'associent à elles. Dans le livre, c'est une image qui surgit d'une formule significative ; au cinéma, c'est le sens d'une image qu'il nous faut déchiffrer. Au cinéma, on extrait de l'image la pensée ; en littérature, de la pensée, l'image.

Ici la différence s'arrête et l'analogie triomphe.

Film et roman sont au même point des formes d'art *cinématiques*. Certes la bande et le livre, pris dans leur ensemble, constituent un tout achevé, aux proportions fixes, à la contexture immuable. Ils retracent un mouvement accompli, une action arrêtée *ne varietur*.

Mais film et roman, nous les percevons non dans leur totalité, mais en une succession continue d'images-émotions ou de mots-significations. Leur *tempo* est sensiblement le même ; nous mettons peut-être le double d'heures, trois ou quatre, pour parcourir un récit imprimé qu'à regarder un récit filmé, durée suffisante dans les deux cas pour que nous puissions revivre les événements censés rem-

plir de longues années. Donc même continuité et même compression du temps !

De même que le film, le roman s'adresse
à notre imagination ; *plus* dans ce sens qu'il
ne fait que *suggérer* par des artifices ver-
baux les images visuelles que le cinéma
projette directement sur l'écran ; mais si
le lecteur est obligé de visualiser la chose lue,
le spectateur est tenu à lire l'image, à en
discerner le sens latent, la « sémantique ».

Le film a en commun avec le roman, genre
littéraire mixte, l'abolition de toutes les
unités, lieu, action, temps, et tout comme le
roman, il sauve, de cette complexité et de
cette apparente incohérence, son unité intérieure, celle du dessein, celle de l'harmonie
des parties qui doivent concourir à la for-
mation d'un tout doué d'une vie orga-
nique.

La composition d'un roman est *équivalente*
à un montage cinématographique, chaque
chapitre, alinéa ou autre division formant un
cadre.

Si nous considérons un roman moderne,
mais qui précède de loin l'invention, et
donc l'influence, tant exagérée, du cinéma
sur la littérature, nous y découvrions tous

les procédés rythmiques du film, le contre-point des thèmes, leur déroulement paral-lèle et entrelacé, soit le découpage en toute sa complexité.

Il s'agit pour le romancier, comme pour le cinéaste de faire jouer les mêmes ressorts psychologiques, en sollicitant l'attention du lecteur de mots ou d'images, en obviant à la distraction, interruption de courant qui ferait que le lecteur s'évade du cercle magique, en faisant recours à sa mémoire par des rappels du déjà vu ou du déjà lu dans les chapitres ou cadres précédents.

Tandis que le deux mille unième mètre se déroule, la deux cent et unième page tourne, la mémoire garde l'empreinte vivante des deux milles mètres déjà déroulés, des deux cents pages tournées antérieurement. Le romancier ou le cinéaste font appel à ces souvenirs emmagasinés, en associant l'ins-tant présent au souvenir persistant de ce qui, depuis une demi-heure, est devenu le passé.

Prenons quelque roman écrit, il y a un demi-siècle et plus, une génération avant Lumière ou le Dr Marey : *Charles Demailly* ou *Manette Salomon* des Goncourt.

Un tel roman n'a rien de la narration rectiligne et monoplane du conteur primitif ou classique. L'impression d'ensemble est obtenue par la juxtaposition des chapitres, cadres assez brefs. La même *ubiquité* que dans un film, le lieu changeant de scène en scène ; la même *intermittence* des thèmes, l'auteur quittant un personnage pour la reprendre plus tard après en avoir suivi un autre à travers un certain nombre de pages, l'*inversion* du temps, l'auteur commençant souvent *ex abrupto* par le moment le plus récent de son histoire et rétrogradant vers le passé en déroulant ainsi son sujet en sens *inverse* ou, plutôt, en faisant tourner la machine du temps de Wells, tantôt dans un sens, tantôt dans l'autre. Couramment, le héros se *souvient* du passé et imagine l'*avenir*. D'autre part, les procédés de la mise en œuvre d'un sujet romanesque sont chez les Goncourt, ou chez tout autre auteur moderne, infiniment variés ; le récit, discours direct ou indirect, est fait par le héros, par des tiers ou par l'auteur ; des pages purement *descriptives* interviennent pour situer l'action dans une ambiance qui la détermine ; nous voyons alors les choses du dehors ; puis le monologue intérieur du héros, la « tempête sous un crâne », se déroule et nous voilà au centre et au cœur des choses, les voyant à travers l'émotion du personnage fictif. C'est ainsi que le cinéaste de *Variétés* nous montre le plafond constellé du music-hall tel que le voit l'acrobate lui-même lancé à la volée dans l'espace.

Tous ces procédés psychologiques, mnémoniques, rythmiques qui nous sont familiers dans le roman, sont ceux mêmes du découpage d'un film, mis au point par cet acte suprême : le montage. Seuls, disions-nous, les éléments premiers du langage diffèrent dans les deux cas, la *suggestion* étant remplacée par la *vision*.

III

Ceci dit, tâchons de dénombrer les modes principaux du montage, par quoi le cinéaste arrive à ses fins, car avions-nous dit, l'image ou la scène, unité de vision et d'expression, n'atteint sa véritable portée que par ses rapports avec les autres unités du discours cinématographique.

Principes et procédés du montage

a) *Changements de plan.* — Ces procédés, nous les classerons en deux *divisions* principales.

L'une comporte, et la formule n'est pas facile à trouver, la modification du cadre sans changement de thème.

La deuxième, le changement de cadre et de thème.

Expliquons-nous, quant à la première division dont la définition pourrait paraître confuse.

Le premier groupe de procédés est obtenu sans interruption de l'action, ni changement de lieu, pavillon construit ou extérieur, par des variantes de la prise de vue. Expliquons-nous encore.

Vous avez tous vu au cinéma une figure agissant parmi d'autres acteurs s'avancer vers vous tout en grandissant, remplir tout le quadrilatère de l'écran de sa stature, vue jusqu'aux genoux, puis de sa tête démesurément grandie, enfin de son regard seul qui, d'une gigantesque prunelle, vous fixe et vous hypnotise.

Que s'est-il passé ? Un changement de plan, passant du plan dit américain (figure vue jusqu'aux genoux) au gros premier plan (la tête), et enfin au plan de détail (les yeux). Cet isolement du personnage ou de l'objet qui se détache du fond et l'intercepte n'est pas uniquement un grossissement matériel, un changement d'échelle, mais aussi et surtout un appel à l'*attention* qui se concentre ainsi sur l'essentiel en éliminant l'accessoire. Le gros plan ou le détail, fatidique, évocateur, symbolique, hallucinant, la face de la mère douloureuse, le revolver du suicidé, non seulement accaparent tout le champ visuel, mais captent exclusivement notre pouvoir de perception. Nous en avons plein les yeux et plein l'âme. Cette mobilité d'échelle est obtenue de la façon la plus simple ; en approchant ou éloignant l'objectif des acteurs et vice versa.

L'utilisation du gros plan qui est une des « constantes » de tout montage actuel, est une trouvaille assez récente, due, vers 1915, au génie de Griffith, alors débutant. C'est l'un des moyens spécifiques du poème visuel, une ressource sans pareille, malgré les intolérables abus dus à la fatuité et au narcissisme des vedettes. Mais c'est ici que nous devons nous attendre aux imprécations des ennemis du septième art !

Eloge du gros plan

Le procédé qui se trouve le plus âprement discuté par les esthéticiens ou moralistes étrangers au cinéma, c'est justement le « gros plan ». Quand le cours d'une scène inscrite dans un espace d'échelle fixe, se trouve brusquement interrompu et le protagoniste émergeant du fond occupe le premier plan, ces censeurs, éduqués par le théâtre, se prennent à penser à quelque Brichanteau accourant vers la rampe pour lancer au public sa tirade à succès. En somme, ils semblent ressentir le gros plan comme un moyen d'expression forcé à outrance, comme un grossier cabotinage. Quant au changement de plan en pleine action, il les déconcerte tout d'abord comme une atteinte flagrante à ces *unités* qui servent d'armature à l'art dramatique. Ils reconnaissent non sans dégoût qu'un tel procédé est fondé en psychologie, non celle du créateur isolé, mais celle de l'innombrable spectateur, celui dont le nom est légion.

Dans son aperçu, si pertinent dans sa concision, des moyens d'actions du cinéma, M. Léon Moussinac, historiographe de l'écran miraculeux, ne mentionne que « pour mémoire » cette source d'un pathétique aussi neuf que puissant. J'aurais voulu faire l'éloge du gros plan. Il me faut en rédiger l'apologie puisqu'il est à tel point discuté.

Quand, disions-nous, toute notre attention est, en fonction du thème, suspendue aux sensations qui agitent l'héroïne, sa face s'approche, grandit, intercepte tout l'écran.

C'est exactement ce qui nous arrive quand nous pensons à une chère absente : tout se trouve éliminé du coup. Les objets (pas toujours une tête, quelquefois, avec quelle éloquence, une main, ou encore le regard seul d'une face masquée) sur l'écran grandissent à mesure qu'ils s'emparent de notre sensibilité. Certes, c'est de la psychologie : la meilleure. Car le doux visage d'une Lilian Gish souriant à travers les larmes dans l'auréole d'un flou laiteux, prend non seulement toute la surface de l'écran mais nous domine entièrement. Un artiste tel que Griffith, audacieux et sensible, va jusqu'à dessiner la tête agrandie sur un fond neutre et uni, en repoussoir. Ce paravent, interposé entre l'image et l'ambiance, augmente la plasticité et la force d'expression du masque, le projette vers nous, nous en pénètre.

Ainsi les habitués du théâtre prennent pour une tare de l'écran la prestigieuse nouveauté dont il nous comble! La *mobilité de l'échelle* est un des inappréciables avantages de la technique cinématographique. La peinture n'oserait rêver aux dimensions monumentales d'une « grande tête » ou d'un « gros plan ». Ses formes sont à la mesure des lieux qui lui sont assignés pour vivre ; plus qu'un autre objet le tableau de chevalet est un élément de la demeure. En traitant une figure à une échelle de moitié plus grande que nature, on atteint en peinture à un grossissement héroïque. Sur l'écran, des têtes de deux mètres nous regardent qui n'ont de pareilles que celles des colosses égyptiens ou des mosaïques du Christ Pantacrator remplissant l'abside d'une basilique byzantine. Un tableau figurant une *tête de cette taille serait un cauchemar.* Vivre sous le même toit avec un tel monstre eût été insupportable. Il y a des choses qui ne sauraient *durer*. Or, le passage d'une telle image hyperbolique sur l'écran ne dure pas plus que le « fortissimo » dans une symphonie. C'est un sommet de l'expression. Dans sa persistance exagérée ou sa fréquence abusive on reconnaît, certes, la suffisance stupide du cabot ou le bas calcul d'un metteur en scène ignare. Mais il ne s'agit pas, en l'espèce, de l'exploitation frauduleuse du procédé. Pris en lui-même, le « gros plan » est un des moyens les plus grandioses et les plus justifiés dont use, pour nous émouvoir et nous ravir, le septième art.

Ne négligeons pas cependant l'effet contraire, la réaction de cette action, le protagoniste reculant, se fondant dans une foule, s'amenuisant, tandis que le cadre s'approfondit et la surface plane redevient espace. Dans le premier cas nous constatons la concentration, dans le second l'amplification de la vision.

Mais hâtons-nous d'énumérer (puisque nous ne faisons que jeter les bases d'une étude trop vaste que ce soit sommairement) les autres modifications du cadre.

Ce sont :

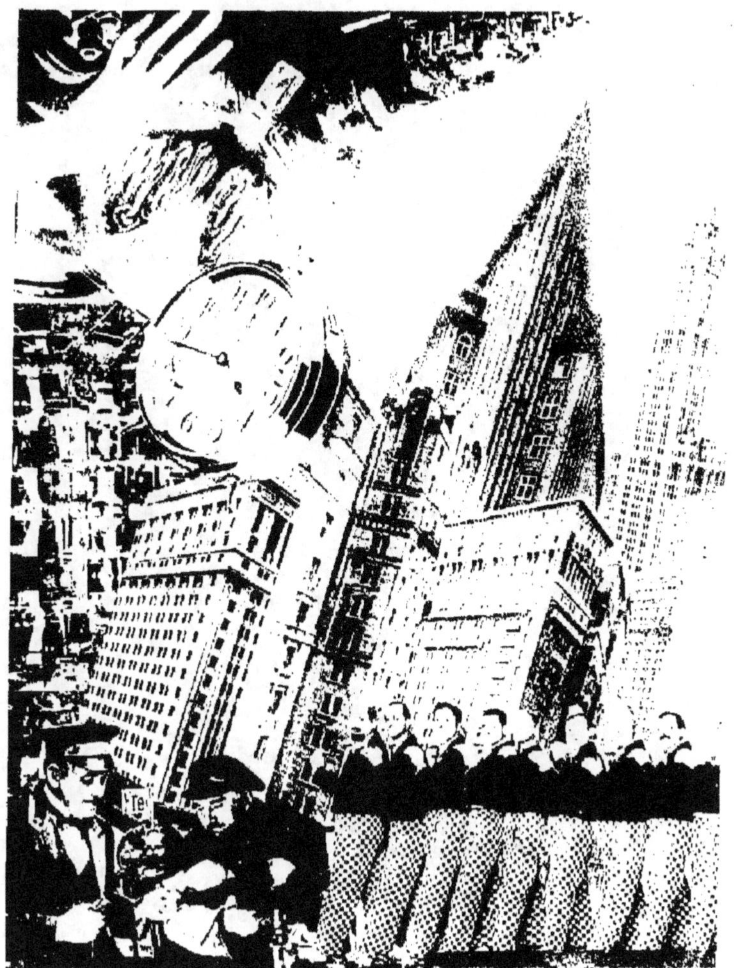

SYMPHONIE DE LA CAPITALE
" Photogramme "
extrait du film de Walther Ruttmann sur un thème de Carl Mayer

1° *Le changement de l'angle visuel* : la même scène est prise d'un autre côté, sous un angle oblique, de haut ou de bas, si l'on veut.

L'objectif peut faire le tour du sujet, le saisir dans tous les raccourcis possibles. Tantôt l'appareil vise verticalement la scène du haut en bas et touche l'occiput des personnages (la séance de spiritisme dans *Feu Mathias Pascal*, de Lherbier-Pirandello), tantôt il l'attaque de bas en haut, telle la danseuse dans *Entracte*, de René Clair ;

2° *Le changement d'éclairage et de visibilité* qui met en valeur d'autres plans et volumes, et confère, en les accentuant, toute leur valeur à des détails jusqu'alors effacés, ou, au contraire, par le fondu et le flou, plonge la vision dans une pénombre mystérieuse ;

3° *Le changement de temps*, obtenu par le ralenti, l'une des magies de l'écran, car il réalise un genre d'émotions quasi insoupçonné jusqu'alors : l'esthétique de la lenteur, dont le prestige d'étrangeté et de noblesse restait très peu étudié jusqu'à cette invention technique (cette impression de lenteur est obtenue par la vitesse, car le nombre des images par seconde doit être quadruplé pour obtenir l'incomparable sensation dont je parle).

4° *La surimpression*, c'est-à-dire la série d'images superposée à une autre sur la même pellicule, source inépuisable de fantastique, dédoublement ou multiplication de la vision. A l'aide des plus simples accessoires matériels, tels un fond de velours noir qui n'impressionne pas la bande, on obtient l'apparition dans le cadre d'un corps astral, dénué de densité, une émanation impondérable de la personnalité, telle le Ka de la mythologie égyptienne ; c'est l'instrument rêvé du songe et du miracle ; il sert à évoquer le souvenir ou la hantise, l'envol surnaturel de corps qui s'évadent de la gravitation. Dans les « voleries » du *Fantôme du Moulin Rouge*, de René Clair, comme dans celles de *Peter Pan* se trouve réalisé ce que la peinture a cherché dans la *Vision d'Ezéchiel*, de Raphaël ; dans l'*Assunta* du Titien, ce que le théâtre, depuis la tragédie antique et le mystère médiéval, a tenté à l'aide de lourds appareils à bascule ou à poulie.

Je ne fais que mentionner l'immense portée d'une telle trouvaille qui permet ce que Gœthe appelait la réalisation de l'imaginaire. Il faudrait encore étudier le cas particulier des *déformations* ; la vision *subjective* de l'ivrogne, le grossissement causé par la frayeur, etc.

Tous ces résultats se laissent obtenir en cinématographiant la même action dans le même décor, factice ou naturel.

Nous avons énuméré les procédés stylistiques suivants, éléments primordiaux du montage : le changement du plan dans le sens de la concentration ou de l'amplification; le changement de la plasticité de l'image ; le changement de temps par le ralenti, la surimpression ou superposition de cadres : répertoire imposant d'expressions visuelles directes ou figurées, mises au service du montage.

b) *Alternance de cadres.* — Il nous faut examiner, d'autre part, le deuxième type d'enchaînement : la succession des cadres figurant des actions différentes prises dans des décors distincts.

Nous décrirons, à leur tour, certains archétypes de ces enchaînements que nous allons tâcher de grouper.

Nous trouverons, au premier chef, le *changement de lieu* ; on raccorde deux fragments d'une action se passant à deux endroits différents ; ou bien on intercale entre deux cadres qui se jouent sur le même lieu un troisième qui se passe ailleurs ce qui nous donne la sensation d'être simultanément à deux endroits différents.

Comme transition on emploie couramment le fondu enchaîné à l'aide du diaphragme ; les images d'une série s'effacent graduellement, celles de la suivante pointent et se précisent.

En deuxième lieu nous avons le montage rétrogradant, l'*évocation du passé* par la reprise d'un cadre déjà vu ; quand cette évocation *da capo* est réitérée, elle devient un élément métrique, un refrain qui coupe le film-poème en strophes.

Le corollaire de ce procédé est le montage *anticipé* qui préfigure l'avenir, nous fait entrevoir ce qui viendra.

Mais le procédé majeur du montage c'est celui de l'*action parallèle,* auquel nous devons les sauvetages inoubliables dans *Les deux orphelines* ou *Way down east,* de Griffith ou le *Robin des Bois* de M. Allan Dwan.

Cet effet est obtenu par l'alternance des cadres montrant tantôt la victime dont la vie dépend de quelques instants de retard, tantôt les sauveurs qui font diligence vers le lieu du drame. Arriveront-ils à temps ? Deux procédés accessoires corsent l'effet de ce montage classique, source d'angoisse et de ravissement.

Ce sont, au premier chef, les changements de cadres qui vont du plan général au gros plan, puis au détail, dans le sens de la concentration.

Dans le dénouement de *Robin*, nous voyons, côté victime, d'abord Robin devant la patrouille d'exécution, puis le geste seul des soldats armant leurs arbalètes, puis les arbalètes qui visent le héros en attendant le cri de commandement ; du côté des sauveurs, nous voyons la chevauchée des proscrits, puis des cavaliers isolés, enfin les sabots d'un cheval engagé dans une course folle.

Le deuxième procédé, c'est l'accumulation des obstacles, la grille qui se ferme devant Danton portant la grâce des orphelines quand leur supplice est sur le point d'être consommé.

L'essentiel de cette tension de tout l'être que nous éprouvons n'est pas proprement le *dynasmisme* de la course, le vertige de la vitesse, c'est au contraire le *suspens*, le piétinement pathétique de l'action. Plus le dénouement fatal est proche et plus les cadres, plus brefs, se *multiplient*, plus la délivrance *tarde* ; elle arrive *tout juste*, au moment suprême. Il y a aussi l'effet du *trop tard* comme dans *Jocelyn* rendu à la liberté par Thermidor, quand il a irrémédiablement, du fait de son ordination, sacrifié son amour.

À côté de cette double action parallèle ou plutôt *convergente*, car les deux mouvements finissent par se toucher, il faut citer un autre parallélisme plus rare, car contraire à l'esprit optimiste du film commercial et standardisé ; l'action *alternée* et *divergente*. Dans le *Lys brisé*, tandis que ses tortionnaires entraînent Lilian Gish, le Chinois court. Mais de quel côté ? Dans une direction *opposée*, ignorant tout, pour acheter une fleur à la bien-aimée. Chaque cadre où il reparaît l'*éloigne* de celle qu'il aurait pu sauver, au lieu de le rapprocher d'elle. Emotion terrible, imaginée par Griffith encore fidèle à son génie

On pourrait multiplier l'énoncé des formes et procédés stylistiques du montage : juxtaposition de cadres contrastants (le palais du riche, la cabane du pauvre, etc.), association symbolique entre deux actions : les amoureux s'embrassent, les tourtereaux dans la cage font de même, ils s'en vont chez le pasteur, les cloches du beffroi sonnent, etc. Mais je n'ai voulu que disposer quelques jalons.

Il aurait fallu étudier ensuite, sur le fait, les métrages de chaque cadre, soit sa durée, les rapports entre cette durée et le temps de l'action projetée, entre les cadres statiques et les cadres dynamiques ; quant aux changements de plans, ils peuvent être graduels ou aller d'un extrême à l'autre ; ce qui est encore une des conditions variable de l'effet.

La portée de chacun de ces procédés dépend de la psychologie du spectateur. Ils agissent indépendamment du sujet par leur vertu propre. Aussi Eisenstein, l'illustre cinéaste du *Cuirassé Potemkine* a-t-il pu imaginer ce qu'il appelle *film d'attractions* uniquement basé sur les réactions spontanées du spectateur, en dehors de toute trame romanesque. Mais nous n'aborderons pas, au moment de clore cette étude-programme, le problème du *sujet* et du cinéma *pur*.

Nous avons uniquement voulu jeter les fondements d'une poétique du film par l'analyse du montage et donner une base et un objet à la critique qui s'en tient généralement à la transcription de l'argument et aux louanges décernées tant au jeu des acteurs qu'à la qualité des. photographies. Mais ce n'est là qu'une ébauche à laquelle ont servi toutes les recherches des autres, déjà engagés dans cette voie (1), qu'une expérience très étendue de spectateur, habitué à mettre quelque ordre dans ses impressions et à consolider l'émotion fugace, par le raisonnement.

(1) Il convient de citer particulièrement le petit traité de M. Timochenks, cinéaste russe (« Iskousstvo Kino », Leningrad, 1926) consacré au montage.

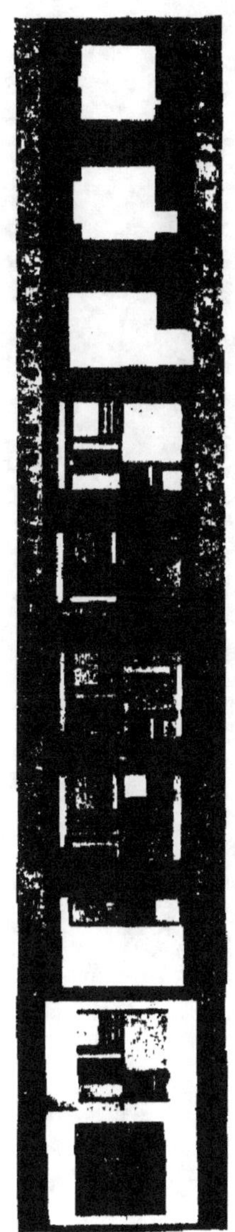

Films absolus
Images extraites de
RYTHME 1924   et   RYTHME 1925
de Hans Richter

INTRODUCTION
A LA MAGIE BLANCHE ET NOIRE

par Albert Valentin

*A Jacques-Abel Rosner ; à
Constance et Dolly Rosner ;
souvenir du feu grégeois.*

A. V.

I

SCREEN

Je m'élance, je tombe, et me suive qui m'aime
Au sein de cette pure étendue où je vois
Que des ombres sans corps naissent de l'ombre même
Et tiennent aux regards un langage sans voix.

Comme j'entends son bruit de syllabes fictives
Et comme je me plais à leur muet concert
Depuis que, rapprochant toutes ses perspectives,
L'espace m'a reçu dans son filet désert !

Le réseau musical qui m'emporte et m'allège
A refermé sur moi son piège en mouvement
Et je parcours un monde où chaque sortilège
Conspire, par surprise, à mon enchantement.

L'œil est enveloppé d'un noir vocabulaire
Et reconnaît au fond d'un climat plus subtil
Mille aspects réfléchis dans un miroir solaire
Où l'univers se fait soluble et volatil.

Une clarté fondue aux chairs obéissantes
Les conduit à travers cet empire mental
Et les femmes, avec leurs mains phosphorescentes
Y font signe au plongeur habillé de cristal.

Elles sont, par la forme et le feu qui les ronge,
Par leur marche au milieu des jardins suspendus,
Elles sont bien les sœurs de ces belles du songe
Près de qui l'on jouit entre les draps mordus.

Mais, comme elles aussi, bientôt décomposées,
Le réveil les arrache à leur sort aérien
Et de leur vain rectangle où tournent des fusées,
Les détache d'un geste et n'en laisse plus rien.

Le jour peut, désormais, dissoudre ces visages,
Leur grave expression ne me quittera pas,
Car, absorbés par l'air, mêlés aux paysages,
Je les respire alors à chacun de mes pas.

J'emprunte à ces esprits mes passions secrètes,
Et ne discernant plus leurs penchants et les miens,
Je m'égare parmi ces figures abstraites
Et je suis le captif de mes anges gardiens.

II

Allons, tout n'est pas perdu : nous pou·
vons changer notre besace d'épaule et prendre
patience quelques siècles encore, puisque
nous assistons à la naissance d'une mytho-

logie moderne, à la création de divinités plus réelles et, à la fois, plus simulées que les autres, et qui ont trouvé d'instinct les plus mystérieux chemins de notre cœur et de notre esprit. Pour peu que vous le désiriez, il vous serait aisé d'observer de près l'apparence physique de ces héros, devenus déjà la proie d'une légende, dans tous les studios du monde où ils évoluent parmi le buisson ardent des sunlights, où leurs ombres, travesties selon les exigences du drame qu'ils interprètent, se détachent violemment d'eux-mêmes et se livrent en pâture à l'objectif des cameramen. Elles sont aussitôt mêlées à des courants occultes, qui les emportent, et l'on imagine volontiers qu'elles affectent alors la nature des bêtes marines, car on a tendu partout, pour les saisir, ces filets de mailles blanches que sont les écrans où elles se laissent capturer, mais où elles meurent et se dissipent aussitôt qu'on les ramène au jour. Ne vous étonnez pas, à présent, que je vous tire ainsi par la main : c'est que je voudrais vous conduire dans quelqu'une de ces pêcheries fabuleuses, ou, comme disent les bonnes gens, dans quelqu'un de ces ciné-mas que désignent aux regards, dès l'entrée une chenille électrique apprivoisée au-dessus du portail, toute une vermine phosphorescente accrochée à la façade. Faut-il que vous ayez l'entendement mal fait : il ne s'agit point là d'une maison close ou d'un traquenard qui vous attend ; suivez-moi, je vous prie, il n'y a plus qu'une marche à gravir, n'y trébuchez point, soulevez la tenture, et vous voici dans ce lieu que je vous ai défini tout à l'heure. Il tient de la caverne par la fraîcheur et l'obscurité qui vous y accueillent, de la cathédrale par la majesté des proportions. Quant à ce faisceau lumineux que vous montrez du doigt, car vous êtes de ceux à qui l'on ne cache rien, c'est un rayon qui sourd de la lanterne, se développe en entonnoir sous la poussée de personnages tyranniques qui en dilatent les parois et se précipitent par la seule issue qu'ils découvrent dans le rectangle de toile transparente où ils achèvent leur partie. Nous sommes survenus au milieu d'une tragédie domestique qu'ils essaient de démêler, de l'un ou de l'autre secret de famille auxquels ils n'ont jamais rien compris eux-mêmes. Mais contenez votre agitation, s'il vous plaît, et ne me pressez plus de questions : tout se terminera comme il convient, car la destinée de ces fantômes est régie sur un ruban de celluloïd qui ne les abandonne qu'au gré d'une bobine rigoureuse, contemporaine image de la fatalité. Tout, dans cette opération, ressortit aux catégories du rêve conscient et organisé. Nous goûtons, depuis qu'un tel spectacle nous est révélé et que nous nous sommes livrés à lui, le dangereux plaisir de vivre à la limite du songe et de l'évidence. C'est au cinéma que notre époque emprunte sa couleur, son pittoresque et le climat moral où elle respire : l'un vit en fonction de l'autre et l'on perdrait son temps à vouloir déterminer les conséquences de ce mariage vertigineux. Tout le miracle moderne est né de lui : il nous enveloppe et nous conduit sans que nous tentions de nous soustraire à son pouvoir. L'objectif confère à tout ce qui l'approche un air de légende, il transporte tout ce qui tombe dans son champ hors de la réalité, sur un plan où ne règne que l'apparence, le simulacre et le stratagème. Il nous est, aujourd'hui, impossible de considérer un aspect du monde sans le dépouiller aussitôt de sa forme visible, pour ne plus songer qu'à la représentation qu'un film nous en a donnée, pour le tirer du domaine matériel qu'il occupe et de le situer dans la zone du rêve et de l'abstrait, où toutes les perspectives se confondent et s'abolissent. Ce passage du sensible au spirituel, du concret à l'imaginaire, s'accomplit à notre insu et, pour l'éprouver, il n'est que d'avoir la foi. Les religions sont souvent une affaire de calembours. A l'origine de celle-ci, il y a M. Lumière, et, pour son épanouissement, elle a choisi Los Angelès, qui signifie « les Anges ». C'en est assez pour que nous croyions à l'avènement d'une mystique nouvelle qui a déjà ses dieux, ses prêtres, ses fidèles, et, par surcroît, ses marchands du Temple. Car la cinématographie a conquis trop tôt et trop aisément la faveur qu'elle connaît aujourd'hui pour qu'il n'y ait point dans son caractère quelques traits qui sentent le parvenu. Elle s'est promptement détournée de ses origines obscures, et l'on feint d'oublier ou de négliger le temps où elle n'était rien de plus que la lanterne magique. Tant de prétention l'a conduite à sa perte et n'a fait d'elle, à présent, que la servante du réalisme ou la prisonnière de deux ou trois formules esthétiques qui ont compromis

son avenir. Il faut remonter à son premier
âge pour que nous retrouvions, dans toute
sa nouveauté, le goût de merveilleux dont
le film devait être l'interprète et qu'il a
trahi pour verser dans l'illustration d'événements sans grandeur. Ce n'était point là
le souci des hommes qui fondèrent le cinéma,
et l'on ne nous empêchera pas d'être
attachés à ce passé mystérieux, ni de garder
une tendresse secrète à l'endroit des images
que composait Géo Méliès et qui se déve-
loppaient toutes sur le plan du fabuleux et
du surnaturel. Depuis lors, la photographie
de drames misérables, l'habileté technique
ont occupé toutes les recherches et se sont
substituées à cette poésie de l'insolite que
nous chérissons et que pratiquaient les opé-
rateurs de l'époque héroïque. L'écran s'est
fait ainsi le complice de ceux qui se vouent
à la représentation sans artifices de la vie,
et ils ont eu toute licence de se livrer, mieux
qu'ailleurs, à ce chantage sentimental auquel
les âmes faciles céderont toujours. Mais de
pareilles réserves n'entraînent pas avec elles
la moindre atteinte à notre passion qui
s'accommode assez de l'aveuglement : un
excès de sens critique contrarie la foi, et

que ferions-nous sans elle, dans l'aventure où nous sommes engagés depuis l'avènement du cinéma auquel nous avons consacré toute la mesure de nos forces ? L'incertitude, l'équivoque, le malentendu sont les formes les plus bénignes des désillusions que nous essuyons dans cette étude que nous poursuivons avec une constance que rien ne lasse et que rien ne récompense. L'aveu qu'il nous plaît de faire, parfois, de notre désappointement n'altère pas notre confiance. Il nous est plutôt une preuve que notre activité est marquée par une sorte d'inquiétude, et c'est de cette angoisse même que nous tirons nos meilleures raisons d'espérer. Ceux qui ont fait de la musique, de la poésie ou de la peinture l'objet de leur culte, ont beau jeu pour justifier leur penchant. Assez d'œuvres ont été conçues et accomplies avec amour, depuis que les hommes expriment leur tourment par le truchement des sons, des mots ou de la couleur, pour que nous n'ayons plus de doute sur la qualité de leurs travaux et la nature de l'admiration qu'ils suscitent. Le temps nous a été donné de définir et d'éprouver la matière même à laquelle chaque espèce d'art demande son

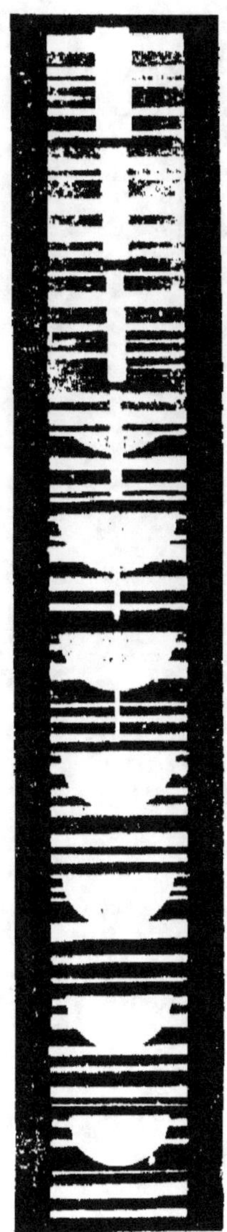 

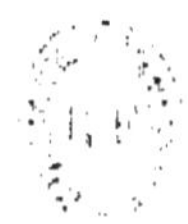

Films absolus
Images extraites des
" MOTIFS " de Walther Ruttman

aliment et il n'est guère possible, aujourd'hui, de s'abuser sur l'excellence ou la médiocrité des résultats qui nous sont proposés. Le moins averti, le moins perspicace sait à quoi s'en tenir. Que ne pouvons-nous en dire autant du cinéma et comme nous comprenons les doutes, les réticences de ceux que nous voudrions rallier à lui ! En vain nous prient-ils de les prendre par la main et de les conduire dans quelque salle obscure où ils pourront applaudir le drame visuel idéal, celui qui provoquerait leur conversion à la cause que nous servons. Il y a peut-être un sacrilège à le confesser, et bien qu'il nous en coûte, il faut convenir qu'à notre connaissance il n'existe pas encore un film. Le cinéma n'a point eu la latitude d'engendrer ses propres règles, les règles qui devaient dominer son esthétique ; et, dénués de traditions, ceux qui portaient la responsabilité de sa destinée, ont songé, avant toute chose, à ne considérer en lui qu'une entreprise industrielle, une machine à images. Peutêtre n'ont-ils pas apporté assez de tendresse à suivre la croissance de ce jeune corps dont, pourtant, par une sorte d'immanence, les lois physiques et les lois spirituelles étaient les mêmes. Ce qu'il lui fallait, avant toute chose, sous peine de n'être qu'un pléonasme de la peinture, c'était le mouvement, un déplacement continu des aspects au milieu desquels il circulait. Il aurait suffi, pour percevoir cette condition de son développement, de considérer avec un peu d'attention ses principes mécaniques : dans les premiers appareils de projection, la pellicule de celluloïd qui s'arrêtait un instant se carbonisait, se réduisait en cendres. Ainsi, ce n'est pas sans peine que le cinéma s'est éveillé à son existence véritable, qu'il est entré en contact avec l'univers mal préparé à sa venue et dont il est, à présent, le prolongement, l'émanation et plus étroitement lié à lui que l'ombre à nous-mêmes. Prenons garde à tous nos pas : le miroir attentif qui se promène sur les grand'routes et dont on a tant parlé, c'est lui. Tous les « états de l'âme » y deviennent des paysages. Aujourd'hui, plus que jamais, tous les chemins mènent à l'homme. Celui que nous ouvre le cinéma est le plus bref, le plus direct de tous. Nous l'empruntons avec le plaisir de penser que, grâce à lui, les enfants à venir ne seront plus sages comme des images,

car les images désormais leur donnent
l'exemple du désordre, de la passion sans
contrôle et de l'aventure à tête baissée.

III

Il s'en faut de beaucoup que le cinéma
ait épousé toutes les formes auxquelles il
est promis et qui lui sont assignées par les
lois qui le gouvernent secrètement. Nous
n'éprouvons même aucune sorte d'embarras
à convenir qu'il s'est souvent prêté, de la
meilleure grâce, à des manœuvres hypo-
crites et qu'on l'a rencontré, plus d'une fois,
dans des voies fort écartées de celles qui
accèdent au merveilleux, dont nous préten-
dions pourtant qu'il était l'interprète le
plus qualifié. Mais il nous plaît d'attribuer
ces erreurs à un excès de générosité, propre
à toutes les créatures interdites de leur gloire
soudaine et ignorantes encore de leur prestige ou de leur pouvoir, et, loin de nous
détacher de lui, ses défaillances ont fortifié
la sollicitude que nous lui portons. On oublie
volontiers que nous nous trouvons, à son
endroit, dans la situation de ces passionnés

dont le sentiment s'alimente lui-même et qui puisent, dans toutes les trahisons qu'ils essuient, les plus hautes raisons de justifier et d'affermir leur penchant. Nous n'avons point d'ailleurs l'esprit assez simple pour ne chérir, dans le cinéma, que ses manifestations ordinaires dont l'écran accueille les témoignages. Certes, nous estimons à son prix le vertige qui nous gagne lorsque nous y voyons, au sein d'une clarté astrale, un pur visage graviter comme une mappemonde et nous révéler, dans ses lignes enchantées, les mystères d'une géographie pathétique. Mais notre amour se réduirait à des proportions misérables si, engendré par les prodiges d'un rectangle de toile blanche, il demeurait captif de ces sortilèges. A notre insu même, il s'adresse à tout ce qui, de près ou de loin, touche à l'existence de l'image animée et au royaume magique où elle naît et se développe, depuis l'anneau de feu qui s'échappe des sunlights jusqu'au cerceau lumineux que les ouvreuses poussent devant elles. C'est là, que vous y consentiez ou non, que s'étend le territoire sans frontières de la baguette féerique, de la lampe miraculeuse, de la Belle au Bois dormant,

du trèfle à quatre feuilles, de la véritable
clé des songes, la patrie de la mort subite,
du rendez-vous manqué, du hasard provi-
dentiel et du concours de circonstances.
Il n'est point encore de scénario, que nous
sachions, où l'on ait usé, sinon de façon toute
fortuite, de ces éléments où l'on ne démêle
point la part de fiction et de réalité qui les
composent. Qu'on s'avise cependant de l'envoûtement et du ravage qu'exercera sur les
cœurs sans défense le documentaire où l'on
enregistrera, par exemple, la journée d'un
individu dénoncé par l'objectif, dans toutes
ses démarches, vingt-quatre heures durant,
et qui sera décrit dans ses mouvements les
plus absurdes, l'accomplissement de ses fonc-
tions dérisoires et ses moments de grandeur.
Puis, à la faveur de quelque artifice on nous
représentera, à côté de l'acte, l'arrière-
pensée, l'intention, le jeu des prétextes
médiocres et l'appareil des conventions ;
tout ce qui, enfin, se conçoit, s'exécute,
se refoule ou échoue. On peut, à bon droit,
s'étonner aussi que le cinéma, dont on déclare
avec un grand sérieux qu'il constitue une
façon de langage universel, on peut s'étonner
qu'il ait négligé de recourir à la figuration

de certains symboles internationaux, en particulier des allusions sexuelles, comme, pour n'en pas citer d'autres, cette singulière poignée de mains que pratiquent les hommes et les femmes, sur toute la terre, pour se signifier leur convoitise et qui, reproduite en gros plan, dans un film, nous épargnerait, une fois pour toutes, les démonstrations convulsives du beau ténébreux et de l'ingénue, qui s'épuisent à faire entendre au public le moins perspicace ce qu'il avait compris bien avant que l'obscurité fût établie. Il semble que les premiers ouvrages, issus de la cinématographie à ses origines, étaient sur ces points, et sur quelques autres, plus prodigues en indications précieuses qu'on ne veut le dire communément, et nous aimerions à les projeter pour nous seul, si la fantaisie nous en était permise, tant ils furent le ravissement de notre enfance. Je vous jure qu'on ne suivrait pas sans trouble ces films de magie blanche ou de magie noire, comme l'*Histoire énigmatique de Cagliostro*, colorié tout entier à la main, et si naïvement que les personnages paraissaient avoir cédé à de furieuses étreintes, tant le rouge des lèvres maladroitement appliqué leur bar-

bouillait toute la face. On y joindrait peut-
être *Zigomar peau d'anguille*, qui reste, au
fond de notre mémoire, le modèle d'un fabuleux morceau de bravoure et le tableau de
l'aventure dans son expression la plus gra-
tuite. Mais le cinéma abandonne de plus en
plus ces sources exceptionnelles d'inspiration
pour verser, avec une fréquence que nous
déplorons, dans un culte vulgaire de l'anec-
dote. Ne lui en tenons, je vous prie, aucune
rigueur, et considérant son jeune âge, ne
lui reprochons pas trop vivement de se
complaire aux romances de nourrices et
aux histoires à dormir debout. Mais il ne
faudrait pas que ce goût lui durât plus
longtemps que de raison, car, alors, nous
pourrions nous fâcher, et, dès cet instant,
nous ne répondons plus de rien.

IV

Toutes les fois que l'homme, en proie à
l'excès même du tourment que lui inspire
sa destinée insolite et contradictoire, solli-
cite de quelque divertissement nouveau
l'oubli de son inquiétude terrestre, sa découverte, par une sorte de fatalité ironique, le

ramène brutalement à l'objet de son souci
et l'oblige, par surcroît, à tout remettre en
question. Jamais, sans doute, cette proposition ne s'est vérifiée avec plus de cruauté
que depuis l'irruption du cinéma qui, semble-
t-il, n'a établi son règne qu'à la faveur d'une
distraction générale, puisque c'est à notre
insu qu'il a subitement occupé dans nos
cœurs une place qu'il n'est pas près de perdre.
On croyait n'engager dans l'aventure que
la part la plus dérisoire, la plus oisive de
soi-même, et voici que, d'un seul coup,
tous les attributs de notre raison et de notre
sensibilité se trouvent pris au piège. Que le
cinéma soit un art, c'est là un problème
dont on ne s'avise plus, si tant est qu'on
s'en soit avisé, car ce serait réduire sans béné-
fice à une misérable querelle d'ordre esthétique, un débat dont les éléments sont bien
ailleurs, nous voulons dire dans la vie même,
dans le retentissement qu'exerça sur elle
l'avènement de l'image mobile. Au rebours
des dieux anciens, les dieux modernes ne
s'incarnent plus, et loin que leur esprit
se plaise à descendre dans un corps mortel
pour se manifester à nous, c'est en effigie
qu'ils opèrent aujourd'hui leurs miracles

sur un rectangle de toile blanche qui publie ces prodiges. On demeure encore interdit, tant il n'est rien en lui qui ne tienne de l'enchantement, que le cinéma n'ait eu à ses origines d'autre ambition que d'emprunter au monde extérieur quelques-uns de ses aspects pour les restituer à nos regards confondus, tandis qu'à l'heure présente, par un échange mystérieux d'influences, c'est l'univers même qui a épousé ses formes, sa démarche et s'est composé une attitude à la ressemblance de la sienne. On ne franchit pas sans un bouleversement contenu le seuil des lieux obscurs qui lui sont consacrés et où il parle à notre vue un langage dont nous connaissons le prestige et l'envoûtement. On y éprouve, mieux que partout, la complicité qui nous lie à tous nos contemporains devant qui, sur tous les points de la planète, on projette le même film qui, dans le même instant, les initie avec nous, aux mêmes gestes, illustrant les mêmes situations, et le vertige dont nous sommes alors traversés est pareil au trouble qui gagne les amants séparés par la distance et qui observent, à la même minute du soir, la même étoile du ciel. Les cinémas sont de grands wagons

musicaux où se rencontrent, par un rendez-
vous tacite, les voyageurs et les voyageuses
qui n'ont d'autre but que la poursuite éter-
nelle d'eux-mêmes, et à qui la rue, dont ils
ont épuisé les jeux, n'offre plus que de
médiocres sujets d'attention. Ils se dévi-
sagent à peine au sein de cette nuit artifi-
cielle qui les accueille et qui leur évoque
l'ombre pleine de soupirs et de pâmoisons
des jardins publics et, avant que le loisir
leur soit donné de s'interroger sur le hasard
qui les réunit, un faisceau de rayons les
précipite dans un grand paysage abstrait
où circulent des personnages plus vivants
qu'eux-mêmes et tels pourtant qu'on n'en
distingue qu'en rêve. Chacun de ces spectateurs anonymes qu'un instinct mal défini
a conduit jusque-là, néglige peu à peu la
notion de sa propre existence dans ce qu'elle
a d'étranger à la tragédie qui est exposée
aux yeux, car à certaines analogies, à certains
concours de coïncidences, le plus détaché
d'entre eux a discerné une secrète identité
entre son angoisse et celle qui lui est repré-
sentée sur l'écran. La contagion mentale
touche bientôt les femmes qui ne parviennent
point à se défendre d'un regret, lorsqu'à la

lumière de leur expérience désolée, elles s'émeuvent au pathétique de ces fictions et qu'elles les confrontent avec leur sort misérable, captif, sans issue et voué au caprice et au désœuvrement. La nostalgie d'une passion désordonnée et sans mesure les possède tout entières. Tous ces couteaux, tous ces miroirs, tous ces bijoux, toutes ces clés, toutes ces chevelures, tous ces éclairs, ce sont autant de symboles dont elles perçoivent confusément la signification. Elles savaient bien, sans l'avoir appris jamais, que le cinéma est la seule carte transparente qui tienne plus qu'elle ne promet, puisque, dans son filigrane, elles ont lu le dessin de leur passé solitaire et les premières lignes d'un avenir inespéré. Car déjà elles ne résistent plus à leur impatience : la connivence dans l'infortune a rapproché jusqu'à l'abandon des couples improvisés, et lorsque la clarté se fait sur eux, comme si le train où ils sont, sortait d'un tunnel, ils se réveillent avec un anneau rouge autour des lèvres, et c'est ailleurs qu'ils achèveront leur parcours. Combien d'événements semblables le cinéma a-t-il favorisés, de combien de résolutions soudaines, de vocations inopinées, de dénoue-

ments fortuits, d'intrigues et de crimes
fut-il l'occasion ? C'est dans ce prolongement
silencieux sur les circonstances que réside
son pouvoir véritable qui nous le fait chérir.
Que, par surcroît, il ressortisse à l'art, on
le démontrera toujours trop tôt : mais
jusqu'à cette heure, personne n'est encore
né pour lui, personne n'est mort pour lui
et il manque assurément de héros, de vic-
times pour accéder à la dignité où nous voudrions le voir. Il n'importe guère, puisque
le domaine qu'il a conquis suffit à justifier
sa gloire qui est assez belle, sinon la plus belle.
Alors pourquoi seraient-ils jamais des nôtres,
ceux-là qui ne sont pas, comme nous, tombés
à corps perdu dans ce panneau lumineux qu'on
nous a tendus ; ceux que ne gagne aucune
surprise à la pensée des foules anonymes et
muettes qui, chaque soir, communient sous
les espèces de l'ombre et de la clarté ? Oui,
c'est dans ce climat religieux que le cinéma
s'est épanoui, c'est sous la fascination de ces
millions de regards immobiles qu'il s'est
développé d'un seul jet, comme la plante du
fakir. Que sa croissance vertigineuse participe ainsi du prodige, nous le savions et
nous en sommes témoins. Mais sa naissance

elle-même porte tous les caractères de l'énigme, et quiconque s'interroge sur elle s'égare en chemin, abandonne la poursuite. Il nous plaît de reconnaître en lui un descendant du grand poète aveugle de l'antiquité, car il lui faut aussi la nuit pour émettre ses images, et ce n'est plus sept cités, mais sept peuples, mais deux continents même qui se disputent la faveur d'avoir provoqué son apparition. Il nous suffit de songer à cette destinée magnifique pour entendre, sans en être ému, les propos de ceux qui ne voient dans le cinéma qu'un orgue de barbarie optique, qu'une illustration de la vie où les sous-titres surgissent à la façon des phylactères sur les dessins enfantins : il nous importe assez peu que tout cela soit vrai. Pour nous, le cinéma est le dernier venu des moyens d'expression dévolus à l'homme. Il a droit à notre tendresse absolue et sa jeunesse seule lui tient lieu de vertu.

V

Pour quelques-uns d'entre ceux qui appartiennent à cette génération dont l'apparition se confond avec celle d'un siècle qui devait nous réserver quelques surprises, la naissance du cinéma est contemporaine du mouvement de curiosité qui accompagna le retour de la comète de Halley. On se demande ce que serait devenue la province des années 1908 ou 1909 si elle n'avait eu, le dimanche soir, la projection en plein air de films de magie blanche et noire, et après le spectacle, la promenade sur les remparts où l'on recourait à un système compliqué de lorgnettes et à quelques notions équivoques d'astronomie pour se persuader qu'on ne s'en laissait pas conter sur les phénomènes célestes. Deux chevelures phosphorescentes se partageaient alors l'espace et l'on observait celle qui apportait avec elle la fin du monde sans voir que l'autre, qui rayonnait d'une lentille de lanterne magique, nous arrivait toute gonflée d'une humanité qui nous déborde aujourd'hui de toutes parts. Il faut à présent songer à régler cette fabuleuse circulation d'images qui règne à tous les carrefours de la terre. Avant toute chose, il convient de remarquer que, si l'on y réfléchissait un peu, on ne franchirait pas le seuil des cinémas sans un sentiment assez voisin de celui qu'on éprouve en pénétrant dans une église : il s'y mêlerait une sorte d'humilité devant la duperie dont on est l'objet, et une admiration pour la qualité du piège qui nous est tendu. Ici et là, on compte sur notre infirmité pour nous piper : au temple, sur une faiblesse de notre entendement ; dans les salles obscures, sur un défaut de notre rétine qui se complaît à des calembours visuels et ne réussit pas à isoler la succession des formes emportées par la vitesse. Il semble dès lors bien téméraire de définir l'avenir du cinéma puisqu'il peut sortir de nous une race plus évoluée qui ne cédera plus aux illusions d'optique et dont l'œil, plus sensible, percevra aisément le temps mort qui joint un carré du film à l'autre. La perspective d'une pareille aventure ne désole assurément personne, car elle serait bien dans la tradition du cinéma dont le développement tout entier porte la marque du provisoire et de l'éphémère. On a cru jusqu'ici que la chanson de gestes désignait une certaine forme du lyrisme : en vérité, c'est d'aujourd'hui qu'elle est née, la chanson de gestes, et elle nous arrive par cette grande fenêtre blanche qu'on a pratiquée pour elle et qui ouvre sur l'espace. Cet aspect

romanesque et, pour mieux dire, poétique,
du cinéma, nous apparaît davantage encore
lorsque nous nous souvenons que la poésie
d'il y a quelques années demandait ses prétextes d'inspiration au machinisme à qui
elle ambitionnait d'emprunter sa ligne, et
sa rigueur. Il entrait sans doute trop de
présomption dans ce projet, puisque la
réalité est venue au secours de l'imagination et, qu'à présent, la poésie s'échappe
toute vivante d'une mécanique en mouvement, dans laquelle glisse un ruban chargé
d'une substance humaine et inerte, qui
s'anime au contact de ces roues, de ces engre-
nages, de ces étincelles. Le miracle est à la
portée de tous les yeux, à la portée de toutes
les bourses. La lanterne engendre au-dessus
de nos têtes un cône transparent où se sus-
pendent des atomes électriques, une sorte de
semence, une sorte de pollen qui se précipite
et va s'épanouir dans le champ rectangulaire
de l'écran. Les natures mortes ressuscitent,
un univers cristallisé dans la pellicule et
réduit à sa plus simple expression est subitement arraché à son sommeil, séparé de son
écorce et, recouvrant ses dimensions premières, s'introduit dans notre existence,

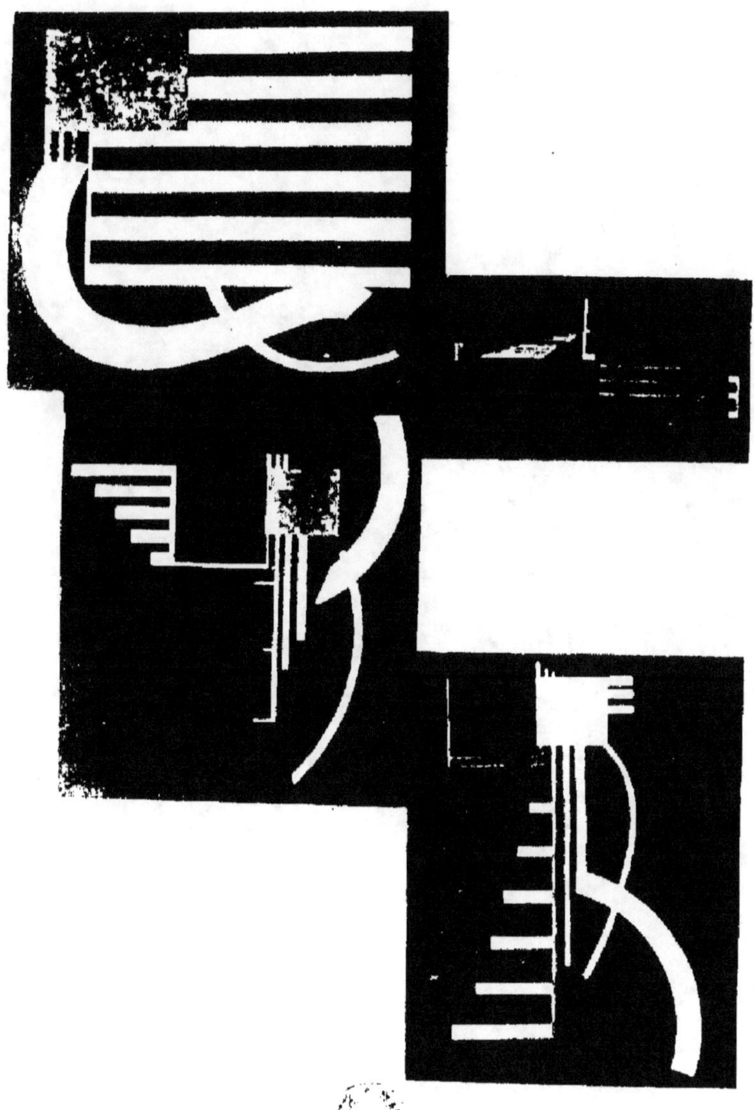

Films absolus
Images extraites de
RYTHME 1921 de Hans Richter

dans nos pensées. Toute la surface du monde, c’est ici qu’elle se réfléchit ; tous les pays de la terre, c’est ici qu’ils font se rejoindre leurs images, sur ce quadrilatère de toile blanche comme un drapeau de la paix. L’Amérique nous a envoyé l’effigie de ses filles et de ses garçons, issus des prospectus qu’éditent les instituts de beauté et les cours d’éducation physique. On les prendrait, tant le jeu de leurs articulations semble commandé par un système de moteurs, pour de brillants automates, de nickel ou d’acier, dont on prévoit aisément tous les déclics. Ils ne s’attardent pas aux sentiments arbitraires ou compliqués, répondent par « oui » ou par « non », jamais par « peut-être » et ils s’avancent ainsi, à travers une planète docile à leur volonté avec une magnifique absence de détours, de réticence et de mystère. Notre goût a été partagé entre cette santé insolente et cet air de décomposition que nous avons, en même temps, respiré dans les films allemands qui exercèrent sur nous un chantage à la misère auquel nous avons facilement cédé. Ils nous ont transporté sous un climat empoisonné où régnait une odeur de clinique qui eut bientôt raison de toutes nos résistances. L'écran nous recouvrait comme un drap d'hôpital et le cauchemar nous conduisait de force entre des couloirs semés de chausse-trapes, entre des rues expressionnistes, où s'élevait une poussière pareille à la cocaïne et où l'on sentait à tous les pas, le crime, le désespoir, le suicide, la fête foraine et, pour tout dire, les maléfices de l'après-guerre. On aurait juré que ces tragédies avaient été tournées dans des serres chaudes affectées à l'usage de studios. Leurs scénarios renouaient avec la vieille loi d'unité de temps : une journée leur suffisait pour réduire tous les acteurs à l'état de cadavres, et, pendant quelques années, ils n'eurent pas leurs pareils pour livrer le deuil en vingt-quatre heures. Nous regrettons assurément que ces films de circonstance dont on prétendra quelque jour avec un peu de négligence qu'ils représentent toute une époque, laissent à cette heure la place à d'autres où toutes les recherches sont orientées vers la perfection des moyens techniques. Nous le regrettons parce que nous y voyons le signe que le prodige perd peu à peu son caractère d'exception et que notre passion de cinéma tourne à l'habitude.

On s'occupe à apprivoiser l'animal encore à demi-sauvage, et, à présent que ses caprices nous surprennent moins qu'autrefois, on trouve le loisir de définir, comme dans l'amour, les trente-six positions de l'appareil de prises de vues qui ne se contente plus, maintenant, d'embrasser de face le spectacle qu'il veut posséder, mais s'insinue en lui, le pénètre par toutes ses issues et abandonne enfin à nos regards la proie vaincue et transfigurée. On n'a pas assez dit que le cinéma, tout comme l'automobile, devait une part de sa faveur à un goût d'origine récente qu'il flatte et entretient en nous — nous voulons parler du mépris de l'horaire. On va et on vient, on entre et on sort quand cela nous chante. Il suffit de pousser la porte et l'on converse aussitôt avec les fantômes : les présentations sont vite faites. Ici, point de rideau comme au théâtre, où le réel est séparé de l'imaginaire : on est sur le même plan que la fiction et l'on traite avec elle d'égal à égale. L'opérateur, dans sa cabine aérienne gîte, comme un barman, ses gobelets de cristal et de métal, et verse un cocktail d'images à nos yeux qui ne le recevraient pas sans vertige, s'ils ne portaient, pour l'absorber, cette paille que les voisins y découvrent si facilement. A côté des rayons X qui ne retiennent que l'aspect de la mort, qui ne décrivent que l'ossature secrète, en voici d'autres qui ne connaissent et ne restituent que la vie, l'apparence charnelle et le décor. Une loi de grossissement, dont nous ne saurions encore prévoir le retentissement, semble régir le sort du cinéma, et ce n'est pas seulement la pellicule imprimée, soumise à l'action de l'objectif, qui obéit à cette règle forcenée, mais tout ce qui, de près ou de loin, participe à l'existence du film. Les dactylographes du monde entier n'ont pas fini de pleurer la disparition de Rudolf Valentino. Charlie Chaplin intéresse l'univers à ses divorces. Charles Ray est ruiné par *Premier Amour*. Griffith apporte cinq années de son travail à couvrir le déficit du *Lys brisé*. Eric Von Stroheim s'abandonne au pire désespoir après qu'on a mutilé les *Rapaces*. Toute réflexion faite, on se demande si le cinéma n'est pas un énorme fait divers à la mesure de notre époque. Sans doute il est autre chose aussi, et nous laissons aux théoriciens le soin de le définir. Mais ne serait-il rien de plus que ce que nous venons de dire, nous ne serions pas volés dans la combinaison.

TABLE DES PLANCHES

TABLE DES MATIÈRES

Imp. des *Presses Universitaires de France*, Paris. — 1927. — 0.982